保守再生の好機

田中秀征《たなかしゅうせい》

まえがき

私は今日に至るまでいわゆる〝革新〟の側に身を置いたことがない。60年安保の学生時代においてもそうであった。

私がそうなったのはおそらく子供時代に最良の保守政治家であった石橋湛山先生の存在を知り、以来一貫して先生を尊敬してきたからだろう。私が高校生のとき、その湛山先生が首相就任わずか2ヵ月で病気退陣し総裁選のライバルであった岸信介首相に代わった。そのときの無念さは忘れられない。この政変以来私は保守には融合しがたいふたつの流れがあることに強い関心を持った。石橋、岸両元首相は共にふたりの間に大きな考えの違いがあることを認めている。

近年の〝解釈改憲〟、〝集団的自衛権行使〟の非常事態に「今もし湛山ありせば」と考えることが多い。おそらく彼は首相官邸に座り込んでも反対し、もし撤回させることができなければ責任をとって議員辞職してまで抗議したに違いない。

先般、衆院憲法審査会で、与野党が招いた3人の憲法学者が口を揃えて、集団的自衛権の行使容認を含む今回の安保改革について「憲法9条違反」だと断定した。

特に自民党が推薦した長谷部恭男早大教授の「憲法違反」であり「法的安全性を大きく揺るがす」との発言は重い。要するに法治国家にあるまじき所業ということだ。

内外に日本の「法の支配」をことさら誇示してきた安倍晋三首相だけにここで真摯に考え直すべきだろう。

そもそも政権が恣意的に解釈を変更できる憲法ではあってもなくても同じである。今回の事態は憲法の息の根を絶つようなものだ。

石橋先生のような良質な保守は、何よりも民意に立脚する。政策決定に際しては堂々と民主的手続きを踏んで合意形成に努める。自由な言論を保証し、いかなる場合も「法の支配」を貫徹する。そして、外交面では他国との友好に努めるとともに国の独立性を断固として堅持する。これらの要件が備わらなければ保守とは言い難いと私は信じてきた。

最近の政治は民意より官僚の意向（私は「官意」と言っている）を過度に受け入れている印象を受ける。民意より官意に立脚しているようだ。とりわけ外交防衛政策はそうなっている。官意が政治を引っ張っているように見える。だからか官僚側から「日本には成熟した民主主義がある」という奇妙なほめ言葉が出てくる。今回のように政治が官意に従い民意をないがしろにすれば、それは成熟しているどころか民主主義を形骸化させているに等しい。

集団的自衛権を行使するなら堂々と憲法を改正すればよい。ガイドラインを決めるなら堂々と日米安保条約を改定すればよい。そうでなければいざというときに国民的支持と協力が得られないのだ。現行安保が機能してきたのは、改定時に徹底した国民的議論と激しい抗争の末に決着したからである。日本の保守勢力は今こそ保守の原点に立ち返るべきである。今の政治を放置すれば将来世代に大きな禍根を残すことになる。

このところ引退した自民党の政治家たちからしきりに安倍政治に強い警告が発せられている。集団的自衛権の行使に理解を示す人でも解釈改憲にはほとんど反対し国の行く末に危機感を抱いている。しかし不思議なことに現職議員からの声は小さくて少ない。

残念ながら現状は良質で強靭な保守が瀕死の状態にあるが、考えようによってはこういうときこそ保守の真価を一気によみがえらせる好機である。それを圧倒的に多数の人たちが心から待ち望んでいるのだ。

私は今までの政治に関わった者のひとりとして現状の政治に相応の責任を感じている。そしてそれゆえに本書の緊急出版を受けることになった。

本書は大半がインタビュー形式で最後に「保守の真価」とダイヤモンド・オンラインに連載された安保改革についての小論を収録した。多少重なる部分があることをお許しいただきたい。

聞き手となってくれた友人であり、雑誌「SIGHT」編集長の渋谷陽一氏と編集などを担当してくれた川辺美希さんには心からの謝意を表したい。

本書が保守再生の大きなうねりに少しでも役に立てば幸いである。

田中秀征

目次

第五章　統治構造の改革　121

本書は、2015年3月と5月に行ったインタビューによる序章～第六章と、
書き下ろしの終章、ダイヤモンド・オンラインに連載された小論で構成されています。

序章

解釈改憲は邪道

激震となった3人の憲法学者の意見陳述

――6月4日の衆院憲法審査会で、集団的自衛権の行使容認について、与野党推薦の憲法学者が3人とも「違憲である」と明言しましたが、まず最初にこのことについて秀征さんはどうご覧になっていますか。

田中「よくぞ言ってくれた」と感動しました。これで潮目が変わると期待感が湧いてきました。

――野党だけでなく、自民党が推薦した長谷部恭男氏も「違憲」と判断しました。党内からこの人選が間違っていたという声もあがっていますが、なぜ自民党は長谷部氏を推薦したのでしょうか。

田中　多少でも憲法に触れた人なら誰でも知っている高名な学者でオーソドックスで骨太の憲法論を展開してきました。もちろん解釈改憲にも集団的自衛権の行使容認にも批判的でした。

どうしてこの人を自民党が推薦したのかとびっくりしていますが、かつて自民党に所属していた僕が見ると、単なるポカなんでしょう。すべて漏れなく厳しい対応をしているつもりが、どこかに大きく抜けたところがあるんです。この参考人招致もそれほど重要視していなかったからその人選も事務レベルに任せたんだと思います。ただ、僕はこんなヘマをする自民党は嫌いじゃないんですよ。のどかというかおおらかというか。しかし、結果的には今回の憲法学者の意見陳述は相当の激震になりました。

――安倍首相や菅官房長官はこの件について反論や釈明を行っていますが、自民党のこういった対応についてはどう思われますか。

田中　そもそも反論や釈明が必要となることが問題です。既に政府は守勢に立たされているわけです。

政治家の発言は簡単明瞭でなければなりません。複雑で難解で専門的な釈明が出てくると、どこかに致命的な間違いやごまかしが隠されていることが多い。こういうわかりにくい理論武装は官僚主導でしょう。

――安倍首相は、１９５９年の砂川事件の判決を引用して今回の安保法制を合憲だと主張しています。そもそもこの砂川事件の判決について、秀征さんは当時どうご覧になっていたのでしょうか。

田中　砂川判決は僕が大学一年の暮でした。実に衝撃的で学内が大騒ぎになりました。その春の一審判決、伊達判決と言われていますが、それがひっくり返ったわけですから。

あの裁判の核心は「米軍駐留は憲法違反か」にあった。伊達判決は違憲として安保反対運動を加速させ、年末の砂川判決は合憲としたことに対する学生たちの怒りが、さらに反対運動の勢いを強めて、翌年の「60年安保」に向かったわけです。

今回の事態にはただただ驚く他はありません。僕は当時から、新安保が旧安保の不平等性を是正するものと理解し、デモにも一度も参加しなかった。こちらで基地提供の義務があるなら米軍に日本防衛義務がなければ片務条約だと考えてもいました。それに日本も「固有の自衛権」を有しているという判決内容にも納得できました。

――秀征さんは、その砂川事件の判決を、集団的自衛権の行使容認が合憲であることの根拠として引用することに、どのような問題があると思われますか。

田中　究極のこじつけと言う他はないですね。当時、学生の間ではもちろん、世

衆院憲法審査会で安全保障関連法案について意見を陳述する3人の憲法学者
pic by 時事

論も「集団的自衛権」を全く意識していませんでした。その言葉を知っている人も〝論外〟と思っていたんでしょう。

砂川判決を集団的自衛権行使の論拠とするなんて、とんでもない話です。こんな重大なことを多くの国民の記憶にない判決を持ち出して正当化するなんて政治の劣化の極みだと怒りがこみ上げてきます。

砂川判決では集団的自衛権の行使を認めていない。それどころか個別的自衛権や集団的自衛権にも言及していない。与党である公明党の山口那津男代表も与党協議の際、「自衛隊が合憲、違憲かという論争の中で下された判決であり、集団的自衛権を視野に入れたものではない」と正しい認識を示していました。

――その後72年の田中角栄内閣で政府見解が出ましたね。

田中　それも僕の衆院選初出馬のときでしたから覚えています。ここで政府は「他国に加えられた武力攻撃を阻止する集団的自衛権の行使は、憲法上許されない」と明文化して確認、以後歴代首相がその憲法解釈できたわけです。

ところが安倍政権はこの72年見解も逆手に取り安全保障環境が変化すれば、自衛権の範囲を拡大できるような対応をしています。72年見解を「法的判断」というより「政治判断」と見なす無理を通しています。

これについて中谷元防衛相は「現在の憲法をいかに法案に適用させていけばいいのか」と答弁して撤回しました。憲法を政権が都合よく解釈していると受け取られたからです。

横畠裕介内閣法制局長官は「安全保障環境の変化に伴い、従前想定されなかった事態も起こりうる」と言ってますが、これでは安保環境の変化に応じて集団的自衛権行使の範囲がどんどん拡大していく。そもそも憲法を有する意味がないし、法の支配がないがしろにされ法治国家とも言えなくなります。

要するに正々堂々と憲法改正の大道を進めばいいのです。正門が開いているのに裏門から入ったり塀を乗り越えたりすべきじゃないんです。

――自民党では「憲法に合致するかどうかを判断するのは裁判所ではなく内閣と国会」だというビラを出したようです。

田中　それもポカのひとつと受け止めたいですね。それより高村正彦自民党副総裁の「憲法学者の言うとおりにしていたら自衛隊も日米安全保障条約もなかった」という発言のほうが気になります。政治の主観的、恣意的解釈を防止するために憲法があるんですから。

――秀征さんは、今回の衆院憲法審査会や自民党の火消しの動きは、安倍政権が予定していた今後のスケジュールも含めて、政府が進めようとする安保法制にどのように影響していくと思われますか。

田中　安保法制に対する関心を高めた功績はありますね（笑）。これで夏までに成立させるという国際公約も風前の灯となりました。安倍首相は謙虚に世論に耳を傾けて出直してほしいですね。裏口から入ろうとして見つかったのだから堂々と表門から憲法改正を掲げて進むべきです。これ以上無理をすれば、せっかくの安定政権も歴史的評価が台なしになりかねません。

日本が「法の支配」を軽視する国になる

——秀征さんは以前より、集団的自衛権の行使と解釈改憲の両方に反対されていますが、まず、集団的自衛権の行使に反対するいちばん大きな理由は何でしょうか。

田中　それについては、昨年、ダイヤモンド・オンラインで詳細に指摘しているので、それを本書の巻末に収録しましょう。反対理由はいずれも大きなもので順位はつけがたいですが、集団的自衛権の行使については、国の独立性を著しく損なうということでしょうか。

——秀征さんは、日本の集団的自衛権の行使は実質的にアメリカとの軍事一体化であると指摘されていますが、アメリカと軍事一体化することによって、具体的にどのような事態が起きる可能性がありますか。

田中　だから、米国との軍事的一体化が日本の独立性を阻害するんです。

米国と日本は特別仲のよい友達。それでいいんです。しかし、いつも手をつないで歩いてもよいけど、お互いの足まで縛って二人三脚のようになってはいけない。そうなったらひとりが転べばもうひとりも転んでしまう。それに片方が圧倒的に強ければ二人三脚でも強い人が歩く方向に引っ張られる。本当の友人なら、一方が転んだらもう一方がその人を起こす、間違った方向に行こうとしたら必死になってそれを止めるでしょう。

僕は軍事の一体化は、言語の一体化よりはるかに国を従属化させると思っています。

問題なのは軍事が一体化すると離れられなくなる。ちょっと批判的になったり、従わなかったりすると、すぐに離米とか反米とか言われる。福沢諭吉は「独立の気概なき者、国を想うこと深切ならず」と言いましたがそのとおりです。一時的な事情によって独立性を薄めれば半永久的に取り返しがつきません。

――集団的自衛権の行使は、日本とイスラムの関係にも大きく関わってくる問題だと指摘されていますが、イスラムをめぐって、これから具体的に日本にどのようなことが起きる危険性がありますか。

田中　米国と軍事的に一体化すれば、イスラム圏からすると、日本がユダヤ・キリスト教連合の有力な一員となったと映ります。こちらがそう思わなくとも、イスラム過激派から見ると公然と敵対したと思われます。アルジェリア人質事件もそうでしたが、欧米と同一視されることは避けられません。特にイスラム過激派は「イスラム国」と同じように「日本は十字軍に参加した」と受け取るでしょう。

僕はアフガン戦争の頃からそれを強く警告し集団的自衛権はいらないと強調してきました。

それは日本がイスラム過激派の標的にされる危険があることも理由ですが、やはり、日本はユダヤ、キリスト、イスラムの三大一神教の抗争に無縁であったという歴史がいつか世界にとって貴重なカードになると確信しているからです。

――東アジアの現状から考えても、日本の集団的自衛権の行使は賛成できないと言われていますが、それはなぜでしょうか。

田中　現在、日本と中国の関係は良好とは言えない状態にあります。しかし、なるべく早い機会に改善できるように双方が努力する必要があります。そんな中で日本が米国と軍事的に一体化すれば、当然中国は「仮想敵国」として固定して考えるでしょう。それに対して、中国がさらに軍拡を進め、強引な海洋進出に出れば、アジアの和解は格段に困難になるでしょう。

現在の中国の外交・防衛政策は覇権主義としか言いようがない印象を受けます。このままでは中国はアジアだけでなく世界の大半の国から一斉に反発を受けるでしょう。

中国の力に対して力で対抗することも必要ないとは言いませんが、この際の集団的自衛権の行使はあからさますぎて「どっちもどっち」となりかねません。あくまでも国際世論の動向を見極めて対応する必要があります。

――集団的自衛権の行使は、日本の自衛隊にとっても大きなリスクがあると指摘されています。具体的にどういった問題があるのでしょうか。

田中　自衛隊については、除隊者が増え、志願者も減ることがいちばん心配です。隊員には日本防衛のために一身を献げる覚悟はあっても、他国の防衛のためにそうする覚悟は用意されていません。それに海外出動が飛躍的に増えればなおさらです。

もうひとつ指摘すると、後方支援がいちばん危ういということです。兵站を攻めるのは古来兵法の常識でしょう。要するに後方支援は軍事行動の一部であって切り離すことなどできません。

目的は集団的自衛権の「扉だけは開けておく」こと

――秀征さんは、集団的自衛権の行使容認を進める手続き自体にも大きな問題があると指摘されていますが、具体的にどういったところが問題なのでしょうか。解釈改憲に賛同できないもっとも大きな理由はどこにありますか。

田中　それも、本書別掲の僕の小論を読んでほしいと思います。端的に言えば、日本が「法の支配」を軽視する国になると言うことです。今回の解釈改憲はちょっと信じがたいような暴挙ですね。長年かかって築いてきた遵法精神を政権の側から踏みにじるのですから。取り戻すには実に多くの年月を要するでしょう。これはもう政治の道義性に関わることです。

――秀征さんは、以前から憲法を改正すること自体には反対されていません。むしろ、国民的議論が行われるならば改正は検討すべきだと言われていますが、それはなぜでしょうか。

田中　憲法が時代に対応して見直されるのは当然だと思ってきました。なぜなら、我々も10年、20年後を正確に見通すことができないように、憲法も時代の展開を知っているわけはない。だから、その都度、改正の国民的議論が起きて改正の機会があれば、憲法に対する愛着が深まりみんなが尊重するようになるでしょう。

だから僕はかねてから96条の改正条項を緩めることに賛成なんです。あまり改正手続きが厳しいと解釈改憲というずるい方向に向かってしまう。はっきり言えば、憲法は護憲勢力の占有物であってはいけません。

――日本にとって、今この時期に解釈改憲による集団的自衛権の行使容認を進めることは、どういった問題があるのでしょうか。

田中　今回の解釈改憲、集団的自衛権の行使容認、新ガイドライン、安保法制の一連の流れは外務省主導と言ってもよいでしょう。自民党、与党の主導とは思っていません。政治家に確たる外交理念がなければ、官意に引きずられるんです。

安倍政権は衆参両院で安定多数を確保しています。だから推進する側は集団的自衛権の行使を実現するためには今を逃すと永久に機会はないと思っているのでしょう。憲法改正には時間がかかり、その間の国政選挙で負ければ実現不可能になる。だから無理矢理に解釈改憲ということです。

今回のさまざまな事例のほとんどは個別的自衛権の拡充で対応できます。それなら僕も賛同できることが多い。

それなのになぜわざわざ集団的自衛権を持ち出したのか。

結局この際に集団的自衛権の「扉だけは開けておく」ということだと言わざるをえない。今回は入らないけど、いつでも「安保環境の変化」を理由にして入れるように扉だけは開けたんです。

集団的自衛権の行使については、これで有効な歯止めはありません。「行使しない」という最強の歯止めを単なる閣議決定で取り払ったんですから、「行使の限度」を変えるのは容易なことです。

おそらく、集団的自衛権を行使できなければ常任理事国にはなれないなどと思っているのでしょう。そうであれば実に卑しく愚かな話です。

この流れを覆すには次の国政選挙しか機会がありません。民主党など野党は衆院選で「閣議決定の撤回」を公約しました。それを必ず実行するしかありません。

安倍首相が首脳会談までに片付けたかった宿題

――4月28日にアメリカで行われた日米首脳会談と、29日に行われた安倍首相の議会演説についてはどうご覧になりましたか？

田中　演説は日本時間では夜遅かったけれども、僕は一字一句聞き漏らすことのないように、真剣に聴きました。そして、そのあとに新聞で活字になったものも精読しました。安倍さんの演説のできばえとか、議場の空気については、いろいろ言う人はいますが、僕は、安倍さんにとっては大きな成功を収めた、立派なものだったと思いますね。

ただ、その陰に何があるかということがいちばん重要な問題なんです。僕は、今回の議会演説は、演説をさせてくれとこちらがアメリカに頼んだのか、あるいは、演説をしてくれとアメリカから頼まれたのか、それが、演説内容を規定するという意味で、非常に重大なことだという理解を持っているんですが、いろんな報道を見ると、どうも日本側から演説をさせてくれと頼んだようなんですね。こうなるとどうしても、相手側から、議会で話すならこうしてくれという注文をつけられる。それから、こちら側からすれば、必要以上に相手を持ち上げる。そういうことになるのは当然だと思いますね。そこまでしてやる必要があったのかというと、疑問が出てくる。僕は、田舎の中山間地の出身だから、いろんな村の会合の様子なんかもよくわかるんですが、いつも挨拶をさせてくれという人が出てくるんですよね。そうすると、時間を短くしろとか、こういうことを言っちゃいけないとか、こういうことを言えと注文がつく。しかし、挨拶をしてくれと頼まれて渋々引き受けた場合には、自由にものを言える。そういうものを見てきているので、どうも最初から、演説内容に限界があっても当然です。もしそうなら日本外交の品性が問われますね。

その点から考えていくと、すべてが明らかになってくる。僕は、安倍首相にとって、今回の日米首脳会談に臨むまでに片付けなければならない宿題が、六つか七つあったんだと思います。逆に、日米首脳会談や議会演説を目標にしてその宿題を片付ける、そういう形で、少なくともこの半年から1年は送ってきたんじゃないかというふうに見ているんですね。

具体的に言えば、ひとつは安保法制。これは安倍さんからすると、与党合意ができたという点で宿題の目途がついたと。そして、ガイドライン（日米防衛協力の指針）は、演説の2日前にアメリカと合意して片付けた。三つ目は、沖縄の辺野古移設問題。これも、ガイドラインを決めた2プラス2の会合で、辺野古移設が唯一の解決策ということを確認して、その宿題も片付けたつもりでしょう。そして四つ目は、TPPについて。これは、首脳会談の前に一気に進めて、ほぼ実質合意で、最終的には日米合意が視野に入ったということで、片付けた。もうひとつはAIIB（アジアインフラ投資銀行）の問題。これは、少なくとも訪米前に、アメリカが先に参加表明をしたり、日本が先に参加表明したりすることなく、同じく保留にしたという形で会ったので、それに伴う気まずさはなかった。そしてもうひとつ、歴史認識の問題については、直前に行われたインドネシアでの演説で、反省をしているということから始まって、安倍さんの歴史認識はすでに歴代首相と同じであると公言してあると。こうやって、巧みにスケジュールを立ててやってきたんです。もうひとつそれに付随して言うなら、日中関係についても、インドネシアで習近平国家主席との会談が実現した。笑顔で会談したということで、一歩進めたと。だから、安倍さんにしてみれば懸案事項についてはすべて目途をつけて胸を張って乗り込んだ、こういう気持ちなんでしょう。

「戦後最大の改革」を解釈改憲で乗り切る

――演説の具体的な内容についてはどのように思われましたか?

田中　僕がいちばん、「え?」と思ったのは――安倍さんが、今回の安保改革が「戦後最大の改革」だと言ったところです。僕も実は、この安保改革は明らかに戦後最大の改革だと思っている。ただ、戦後最大の改革にあたって、今回のような手続きが許されるのか?という、大きな疑問を持っているんです。その2日前に決めたガイドラインについても、「真に歴史的な文書」と、そういう言い方をしている。これも大変気になりましたね。僕は、60年安保世代ですが、例の安保紛争の中核を占めたのは学生で、大半の人がその安保の改定に反対してデモに行った

アメリカ連邦議会の上下両院合同会議で演説を行う安倍首相
pic by AP／アフロ

んですね。毎日毎日、何万人という学生などが国会を取り巻いた。それで大学の寮ではみんな、体中汚れて帰ってきて。中には、壊れたプラカードの釘が出た棒で叩かれて、血を流してる学生も珍しくなかった。そういう中で、学生たちにとっては最大の敵であるはずの岸信介首相——安倍さんのお祖父さんですが、学生たちは、ここまでしても岸首相が土俵を割らないので、「敵ながらあっぱれ」と言う声もあった。結局、その信念の強さと正面から堂々と条約改定の王道を突き進む姿を率直に讃える人もいたんです。

しかし、どう考えても今回は、60年

の安保改定をはるかに上回る改定だと。だから、戦後最大の改革と言っても、それは間違いじゃない。条約の改正でも間に合わない、新しい条約を作らなければいけないほどの事態なのに、条約の改正をやらない、それから、憲法も改正しない。解釈改憲やガイドラインという民意を無視した変化球で乗り切ろうとしている。岸さんと比べてあまりに姑息です。こういう形でいくと、必ずいつかその歪みが大きな混乱につながっていくんです。僕は、安全保障については、ここまでするか?というぐらい入念な合意形成が必要だと思っているんですよ。そうじゃなかったら、いざというときに国民的協力が得られない。戦後最大の改革というのはそのとおりだけれども、結局、もっとも姑息な形でその改革を行おうということですね。そんな改革が、成果をもたらすとは僕は思わない。

それから、ガイドラインについて言えば、「真に歴史的な文書」と言われたらそのとおりなんだけれども、それを、条約とも銘を打たないで、2国間の事務当局の作成文書で済ませてしまったと。僕は、97年のガイドラインについても、文章で批判したんです。こういうことを、なぜ2プラス2だとか、実質的には官僚レベルの話し合いで決めるんだ?と。官僚レベルで進めて、最終的には2プラス

2――外務・防衛のトップですよね。アメリカでは国務長官と国防長官、日本は外務大臣と防衛大臣、その2プラス2で追認した。問題なのは――アメリカの官僚制度というのは、ポリティカルアポインティ（政治任用制）ですから、官僚は政権の意志を忠実に体現している。官僚は、オバマ大統領や国務長官、国防長官とまったく志が同じなんです。日本はそこが全然違うんですよ。政治と官僚が分離している。オバマ大統領を選んだ大統領選挙には、民意が反映されていますから。その大統領が選んだ幹部官僚にも民意が反映されている。こちらは、人事にまったく民意が反映されてない。だから、官僚レベルで決めたということは、日本の官僚とアメリカ国民が協議した、日本の官意とアメリカの民意が合意したというのと同じことなんです。これは、根本的な問題ですよね。アメリカ側は民意を受けているからいいんですよ。こちらはそうじゃない。それが非常に重大な問題だということを言いたいですね。これのどこに「成熟した民主主義」がありますか。

「オタガイノタメニ」に隠された本音

――安倍さんは歴史認識についても、インドネシアでの演説で問題を片付けて日米首脳会談に臨んだということですが、ガイドラインの交渉に有効に働かせようという意図があったんでしょうか？

田中　安倍さんは歴史認識について、「痛切な反省」という言い方をしたけれども、痛切な反省をすれば、集団的自衛権を行使することになるのか？と訊きたいですよ。僕は歴史認識問題に関しては、何度も謝る必要はないと思っている。ただ、反省をした結果が、今現在の安保政策とか、そういったものに反映されなければいけないと思っているんです。それがないから、何度も何度も謝罪しろっていう声が出る。

――「戦後最大の改革」というのは、具体的にどの部分が最大の改革だと見ておられますか？

田中　簡単に言うと、日本に対する領土侵犯という事実がまったくない場合にも、日本の実力部隊、すなわち自衛隊が海外へ出かけていって他国すなわちアメリカ

1960年5月、新安保条約に反対して国会前に集まったデモ隊
pic by 毎日新聞社／時事通信フォト

の戦争を手伝うと。日本がアメリカとの軍事的一体化に大きく踏み出したこと。しかも、不思議なことなんですが、今回の一連のことも、日本側から頼んでいるんですよね。ガイドラインを改訂してくれと。米軍と自衛隊の役割分担を決めたものについてこちらから変えてくれと言って、しかもその中の多くの役割をこちらから進んで引き受けている節が見えることなんですよね。

具体的に言えば、日本が人命と軍事費の負担をもっとしますよと、そういう話ですから。アメリカの政権が選挙のたびにいちばん苦慮しているのは、アメリカの戦争によって人命が失われていくこと、それから軍事費がかかることに、国民が反発しているということなんですよ。その空いた部分を肩代わりして補充するということなんです。そうやって、日本が命や金を分担してくれるということになれば、アメリカの戦争を抑制していた、命が失われる、お金がかかるというアメリカ国民の声が緩くなって、戦争をやりやすくなる。このことは、あまり指摘されていませんけれども、本質論ですから。だから、アメリカの議会もそれに喜んで賛成する。しかもこちらからその趣旨を議会で演説しますよと言い出した、こういうことなんです。

僕が注目したのは――オバマ大統領が共同記者会見のときに、「オタガイノタメニ（お互いのために）」と言いましたよね。どうしてああいうことを言ったのかというと、このままでは、今回のガイドライン改定は、日本国民がアメリカのためにやったんだと受け取るだろうと。だから、日本国民に向けてアメリカのためばかりでなく「お互いのために」と言った、そう思わざるをえないところがありますよね。

――それは、オバマ大統領がそう言わせてほしいと持ちかけたんでしょうか？

田中　ひょっとしたら、こちらの外務省が頼んだのかもしれないですね。それもく

ホワイトハウスで日米共同会見に臨む安倍首相とオバマ米大統領
pic by AFP=時事

らいのことはする可能性はあると思います。万が一そうだとしたらそういう外交の卑しさには耐えられませんね。

民主主義に反する「国際公約」の乱発

――安倍さんは、安保法制の成立を国際公約として発言して帰ってきたわけですけれども、これはどうご覧になりましたか？

田中　国際公約として、安保法制は夏までに必ず通すと言いましたよね。ガイドラインに関してもそうでしたけれども、外で「やります」と言っちゃって、国際公約だから通してくれと国会で言うと。これは、民主主義とは正反対の手法ですよ。ビシッと言ってきたから、審議してくれと。こういったことは、うんと厳しく監視しなければいけないですよ。結局、この国際公約の問題を考えても、安倍さんの姿勢が非常によくわかる。安倍さんは演説で、自由と民主主義、人権と法の支配などの価値を強調しましたけれども、要するに、これらを本人が自ら緩めていっている印象です。特に、解釈改憲やガイドラインの策定には「法の支配」が貫かれているとは思えません。そういうふうに思わざるをえないような現状認識ですよ。また、民主主義については非常に問題ですよね。安保法制については、選挙で勝ったんだからという言い方をしていますけれども、昨年の選挙は半分の投票率で、有効投票で半分を占めただけですから、自民党への支持はほぼ4分の1なんです。それでは胸を張って民意とは言えない。だから、民主主義とは言えないんですよ。世論調査を見ても、それぞれの重要課題について、おおむね国民の3分の2は反対してる。6割が反対してるんだから、そちらの声のほうを、よほど優先しなければいけない。

実は国際公約というのが大きな問題なんです。私はそれをもう20、30年は言い続けているんですよ。なぜ、マスコミにそういう視点がないのかと。要するに、おそらく、官僚が総理や担当大臣に海外でものを言わせているんでしょうね。ここでこういうふうに発言して突破口を開けば、歴史に残りますよと言われる。それを国際公約だからと言われても、国民にとっては責任はないですから。

第一次大戦が終わって、アメリカのウィルソン大統領は、国際連盟の創設を主導した。ウィルソン大統領がいたから国際連盟はできたんですが、それをアメリカ議会は受け入れず、結局、アメリカは国際連盟に参加しなかった。議会が受け入れない、それにはウィルソン大統領も従わざるをえなかったわけです。それと同じで、トップが海外で何を約束してこようが、国民側からしてみれば、国際公約をしたことを国会で成立させなければいけないという理由は何もない。国際公約を国会が拒否しても、政権の信用は落ちるけど国や国民の信用は落ちない。むしろ上がるでしょう。国際公約は、日本の外務官僚の最強の手段なんですよ。それを今回、安保改革に際して駆使したわけです。国際公約については、今後国会や党に監視委員会を作る必要がありますね。メディアも勝手な国際公約についてもっと目を光らせねばなりません。そうでなければ、国会も政治も国際公約を後追いするだけになります。この時代にこんなことをしている国は日本だけでしょう。

ところで今回の演説の中で、こういう一節があったんですよ。「歴史とは取り返しのつかない苛烈なものだ」と。そのとおりですよ。今回のガイドラインによって、取り返しのつかない状態になってしまっているんです。それに、他のことならともかく、国の独立性を損なったらそれこそ取り返しはつきません。（ウィンストン・）チャーチルは、第二次世界大戦はやらなくてもいい戦争だったと言いましたが、僕は、凡庸な指導者たちが歴史の舞台を占拠したとき大変な悲劇が起きると言っています。今回の首脳会談と議会演説を通じて、そうならないことを祈るばかりです。

第一章

イスラムにどう対応するか

イスラムから歓迎されてきた国、日本

――「イスラム国」による後藤健二さん、湯川遥菜さんの人質事件で、日本の国民全員が、非常にシビアな国際政治の現実に向き合ったわけですけれども。そこで、安倍外交がこのような事態に対して非常に無力であったという現実とも向き合ったわけで。自分たちがこの世界情勢の中でどう動けばいいのか、自分たちの政権をどう選べばいいのかということと向き合わねばならないという厳しい局面に立ったこういう状況を、秀征さんはどのようにとらえていらっしゃるんでしょうか。

田中　日本人の人質がふたり殺害されたということは、交通事故に遭ったように、無関係なところで日本が標的にされたとか被害を受けた、ということではなくて。国際情勢の流れの中で、この事件を日本が招き寄せた、というところもあるんだと思うんです。

どうしてそうなったかということを考えると……僕は、この事件は、そもそもの源流をたどれば、イラク戦争にあったと考えています。日本がアメリカに同調

してイラク戦争を支持した、というところにあったと。アメリカではのちにイラク戦争に対して、間違った戦争だったという総括が一般的になり、その後イラク戦争に反対していたオバマ大統領が政権を獲った、ということもあります。しかし、日本はあの戦争を止めようとしなかった、しかもそれを支持し協力してしまったし、それは誤りだったという総括もしていない。すべてうやむやにしていますす。その間違ったイラク戦争の混乱から、今の中東のこの流れは始まっているのであって、まったく無関係なのに日本が被害に遭ったとは言えないんです。

「イスラム国」というのはあまりにも過激で残忍な集団だ、論外だということはそのとおりですが、だから日本を標的にした、これからもする、とは言えないと思うんです。アルジェリアの人質事件のとき、本当に痛切に思ったんですが……僕は20年前にアルジェリアに行ったんですが、そのとき、日本人に対する対応が今と全然違ったんです。日本人は、あちらでとても歓迎される国民だったんだけれども、イラク戦争後はアメリカやヨーロッパの人たちと同じような扱いをされるというところまで、変わってしまっているわけですね。

——日本は、キリスト教文化圏にもイスラム文化圏にも所属していないという自由なスタンスだった、だから親日的な人たちが多かったのが、明らかにキリスト教側というか、欧米側になってしまった、その流れの中に今回の事件があると。

田中　はい。やっぱり世界を見渡しても、日本ほど宗教に対して寛容な国というのは、ちょっとめずらしいと思うんですね。他の国と比べると群を抜いて、宗教に対する排外主義が少ない。それに入信するわけじゃなくても、いろんな宗教に敬意を表して受け入れる、その点では日本というのは本当にめずらしい国です。

特にユダヤ教、キリスト教、イスラム教という三大一神教は……教典の中で、旧約聖書の部分を共有しているわけですよね。もともとはそこからのひとつの流れの上にある、その三つの宗教の抗争が、人間の歴史のひとつの軸だと言ってもいい。今もってそうなんですから。でも、日本がその三つの抗争に関わりを持ったのは、一時的には江戸時代にキリシタンを排撃したことがあったけれど、他の国であったそういう事件と比べると、段違いに小さなものであって。宗教の面で日本は特別な先進国なんです。

他の国を見ると……たとえば韓国やフィリピンには、やっぱり昔からキリスト教の信者が多い。中国では、新疆ウイグル自治区がイスラム圏で、それがまさに

「イスラム国」による邦人人質殺害事件を報じる号外
pic by ロイター／アフロ

中国が抱えるひとつの問題にもなっているわけですよね。というふうにひとつひとつ見ていくと、日本ほどこの三つの宗教の抗争からフリーな有力国はなくて。だからこれまで日本は歓迎されてきたというか、いい関係が続いてきたわけですよね。

日本はアメリカのサイドカー!?

田中　だから僕は一貫して、軍事的にユダヤ・キリスト教連合と一体であるという道は取らないほうがいいという主張をしてきたんです。突き詰めて言うと、世界のためにもアメリカのためにもそれがいいんだと思う。だってときどき間違った戦争をするんだから。アメリカが、第二次世界大戦後70年間にわたって圧倒的な軍事力を持ち続けていることが、戦争に対する大きな抑止力になっていることは認めますよ。それがなかったらもっと各地で紛争が起きて、めちゃくちゃなことになっていたと思う。ただ、アメリカが起こしてきた戦争は、その多くが間違っていたわけです。でも、どの国もそうそうはアメリカに戦争を仕掛けないですよ、強いですから。そこで、集団的自衛権を行使して義務としてその戦争に付き合うということになると、間違う可能性があるので、止め役にならなくちゃいけない。それが真の友好国でしょう。

民主主義の国というのは、どんな国でも、覇権大国とか帝国主義になる危険性を常に孕んでいるんですよね。皮肉なことに民主主義の国では、国が攻められれば国民が復讐心を持つし、その復讐心を背景にして戦争をするということが起こりがちなんです。そういう戦争は、むしろ民主主義じゃない、全体主義国家のほうが止めやすいかもしれない。

特にアメリカの場合は、大統領選挙とか中間選挙を気にしながら外交をやっていくわけですから、そうするとどうしても、「ここで外国を攻めておけば支持率が上がる」というような話にもなりがちです。ブッシュ政権は特にそういう印象でした。それに日本が義務として付き合うなんて、とんでもない話ですよ。それを止められればいいんですよ？　でも今、止められないんですから。外務省は、アメリカと日本の関係が米英関係のようになればいい、というアナウンスをしているんですが、米英関係というのは、ある意味で対等ですからね。イギリスは、国は小さくてもアメリカの本家筋だから全然従属的ではないし、いくらでもものを言える関係ですから。でも日本はそうじゃない。最近僕は、日本はアメリカのサイドカーだと言っているんですよね。

――（笑）いつも横にくっついて、運転の権利はない。

田中　そうです。だから今行われている集団的自衛権に関する議論は、一般的な集団的自衛権論じゃないんですよね。今議論されている「集団的自衛権の行使容認」というのは、具体的にはアメリカと一体化するということですから。だからダメなんですよ。

日本が目指すアメリカとの軍事一体化

――要するに、これまで日本が安保という形で軍事的にアメリカと一体化していながら、アメリカの戦争に加担しないで済んだのは、平和憲法と、集団的自衛権を持たないという、このふたつのカードがあったからですよね。そうするとアメリカも文句を言えない、そもそもアメリカが平和憲法を作って「おまえたちは軍事力を持っちゃダメなんだよ」ということにしたわけだから。結果としてなのかもしれないですけど、日本が国際政治において有利なポジションを担保していた理由は、平和憲法であり、集団的自衛権の放棄だったわけなんですね。だから、すごく大切なものなんですよね。

田中 集団的自衛権を行使しても、そこで日本がアメリカにはっきりノーと言えればいいですよ。決して言えないんですから。言えないどころか――たとえば昔、橋本（龍太郎）さんがアメリカに普天間の返還を要求しようとしたときに、まず外務省が、「日米関係が壊れる」と反対した。つまり、自主規制するんです。アメリカに何か言われる前に、こちらが先に遠慮してしまう。その外交姿勢がどん

イラク・バグダッドで米軍によって引き倒されるフセイン像
pic by AFP=時事

どんどんどん強くなってきているのが、今の日本なんです。

イスラムが進撃する21世紀

——なんでそうなってしまったのかを考えると……たとえば昔は、日本は国力なんてなかったわけで、でもその当時はうまいポジションで立ち回れたわけですよね。だから、今おっしゃったように、パワーバランスなのかもしれませんね。昔は日本は弱くて、アメリカはものすごく強かったから、日本に助けてもらう必要もないし、日本にも助ける余裕なんてなかった。でも今のようにだんだんアメリカが弱ってくると、アメリカの道具としての日本の使い勝手が変わってくる。「もっと使い勝手があるぞ」という目線がアメリカ外交の中で出てくる。それを敏感に感じ取った日本の政治家や官僚が、今まで日本が築いてきた外交の財産を全部ドブに捨ててしまって、アメリカ外交に加担すると。やっぱり、アメリカが弱ってきていることがよくないことのひとつなんですかね。

田中　それもあるでしょうね。要するにアメリカの衰えた分を日本に補ってほしいという期待。それを日本は喜んで引き受けている感じです。僕に言わせれば、日本の外交官は、日本のキャリア外交官とアメリカのノンキャリの外交官を兼ねている印象なんです（笑）。ノンキャリは政策決定権がありませんから。彼らは、どちらかと言うとアメリカのノンキャリである比重のほうが大きい。今回はもうはっきりとそうですね。だから結局――これは経済についても言えることだけど、要するに、日本とアメリカがひとつの塊になってくるんですよ。日本の官僚とアメリカの官僚が塊になっていって、「じゃあ日本では我々が政治力を使ってこういう形にさせるよ」という感じになっている。もう、とんでもない話ですよね。だから官僚は必死になる、その意見を通すことに命懸けになる。で、政治家は命懸けじゃないから、押されちゃう（笑）。

アメリカにとって、そういう形で日本を使うということは、一時的な使い捨てにすぎないと思う。日本は本当は、アメリカにとっても国際社会にとっても、もっと他に役に立つことができる国だと思うんですよ。それなのにここで、いわゆる軍事同盟でアメリカと一体化していったら、本当に使い捨てにされるだけでしょう。

僕は20世紀の最後の日に、記念の文章を書いてるんです。公表するつもりではなく書いたんですけども、どういう趣旨かというと、21世紀はイスラムが進撃する世紀になるだろうと。そのイスラムの進撃にどう対応していくかということが、もっとも大きな課題だということを書いてるんです。

――すごいですね！

田中　そうしたらもう、世紀が変わった途端に9.11が起きて、アフガン、イラク戦争になっていって。しかもそれも序章かもしれません。

日本は三大一神教の抗争が収拾つかない事態になったら、その間に入ってかけがえのない貴重な役割を果たすことができます。唯一のカードと言ってもよい。

それがユダヤ・キリスト連合の一員になってしまったら、今までの日本の歴史が無駄なものになってしまう。あくまでもできる限り、キリスト教圏、イスラム教圏と等距離でいなくてはなりません。

最近は僕も老化現象なのか、いろいろ忘れたりしてくると、逆に、骨格部分は際立って見えてくるんですよ。際立ってくるから、世の中のからくりっていうのが、最近昔よりよく見えるようになった。時の大きなうねりみたいなものが、昔とは比べものにならないほどよく見えるようになりましたね。土佐のカツオ船にはひとり長老を乗せると聞きましたが、それと同じように年配者の厳しい監視が必要な時代だとつくづく思います（笑）。

第二章

ナショナリズムとグローバリズム

21世紀のふたつの支配的潮流

よね。

――秀征さんは、この時代に特徴的なふたつの流れがあるとおっしゃっていますよね。

田中　21世紀の前半部分というのは、ふたつの支配的な潮流があって。それを、うまくコントロールしなければ、人類に大変な危害をもたらす恐れがあると僕は思っているんです。そのひとつはナショナリズムの流れで、もうひとつはグローバリズムの流れです。ナショナリズムの流れというのは、一概には言えないんですが、政治的流れと言ってもいいです。そしてグローバリズムの流れというのは、経済面での流れ。このふたつは、怒涛のような流れになりかねません。

このふたつとも、90年頃までの米ソの冷戦時代が終わってから、盛んになりました。だから私は冷戦の檻に閉じ込められていた2匹の猛獣が解き放たれているとも言っています。

少なくとも21世紀の前半部分で、この流れはどんどんどんどん勢いを増していっている。僕は、人類がこれをコントロールできなかったら、ある意味21世紀は破滅的な世紀になるんじゃないかという気持ちが強くなっているんです。

これが今見えるいちばん大きなものなんですが、安倍晋三総理をはじめとする今の自民党は、なんの疑いもなくこのふたつの流れの上に乗っている。僕はそれを非常に心配しています。

20世紀は、秩序というものがある種、国家単位で構成されていて、それが冷戦期にはふたつの勢力圏を形成してそれなりの秩序となっていた。自由主義圏と共産主義圏です。21世紀のこれからというのは、冷戦がもたらしたそういう勢力圏よりも、いわば縦割りの国家群と横割りの民族・宗教が共に重要になっていく。この横割りというのは国家枠とは異質なもので、たとえばウクライナの問題が、その象徴的な例と言えます。ですから僕は、21世紀はある意味でもっと無秩序になっていくというか、そういうものが問題化していくんじゃないかと考えていますね。

これをコントロールするのは、本当に大変なことなんです。日本は民族的、宗教的な争いも穏やかです。いろいろな意味でもっともまとまりのある国ですよね。そういう国なんですから、これから大変かけがえのない役割を果たせるんじゃやないかというふうに思うんです。ですから、一時的な国益や事情で、今のそのふたつの流れに全身で飛び込まないほうが世界のためにもいいと思うわけです。

でも実際には、そういう心配ごとがここ最近、何度も起きていますよね。それも関連性があると思うんです。川崎で中学1年生が殺されてしまった事件にしても、「イスラム国」の人質事件の影響を何かしら受けているんじゃないかと僕は思ってしまうんですよ。人をナイフで刺し殺すことに対して、1万人いたら、そのうちの9999人が「残忍だ、考えるのもイヤだ」と思っても、残るひとりが「自分も刺したい」と思う。今の世の中は、そういう異常な人をつり上げてしまうんですね。そうやってつり上げたものを使っているのが、たとえば「イスラム国」だと僕は思うので。一連の社会現象というのは、みんなつながっているように見えるんです。

それから、グローバル経済が生み出している格差を見ても——取り残された人たちに、ナショナリズムというアメを与えてるような感じでしょう。そうやって器用にグローバリズムとナショナリズムを使い分けていくと、一時しのぎにはなるんですよね。だから、安倍政権だけではなくて、両立せずに矛盾するふたつの

反政権派と治安部隊が衝突したウクライナ・キエフの独立広場
pic by SCANPIX／時事通信フォト

ものを器用に使い分けて一時的にしのいでいる、そういう状況が世界的にあるんじゃないかと思うんです。中国は特にそんな感じがします。

経済格差は構造的な問題になりつつあります。格差がどんどんどんどん開いていってしまっている。そうするともうひとつ問題なのは、経済格差によって世襲社会が形成されていって、さらにダメになっていく。本当にそれで、社会活力が少しずつ先細りしていくことになるんです。

しかもそれは、昔の身分制があった頃の世襲社会よりもさらに悪い。侯爵とか伯爵とか、武士階級とか、社会的に明確に身分制が敷かれていた時代は、そこにきちっと明示的な重い責任と義務があったんです。身分が高い分、何かことがあったら最初に腹を切らなきゃいけないとか。だけど、今のような明確な身分制ではない表向きは民主主義で決まった形をとっている世襲社会というのは、身分制が陰に隠れて民主主義が偽装される社会になるんです。それにも僕は危機感を持っている。そういう社会だから、有能な人材をひっぱり上げることができずに、それが屈折して過激なナショナリズムに転化していく。こういう状況に、今向かいつつあるんじゃないか。なんとか今のうちに止めないといけないと思っています。

グローバリズムとナショナリズムは両立しない

——本当にそうだと思いますね。ナショナリズムっていうのはやっぱり排外主義で、とにかくなんでも排除しようという動きなわけですよね。それからグローバリズムは、世界全体を市場として見て、利益の最大化を図っていく。だから、グローバリズムが進めば進むほど、ナショナリズムがどんどん強くなっていく。ことの必然として、21世紀はそうならざるをえない。それを止めるには、秀征さんがおっしゃるように、バランスを取る知性というか、抑止力がないとダメですよね。今、安倍内閣にはそういう視点はないですよね。

田中　ないですね。

――むしろ、すごく無邪気にナショナリズムに乗っかっている。格差が非常に広がって、とてもシビアな状況ではありますけれども、そこにナショナリズムという麻薬が必要かというと、そういう社会では全然ない。にもかかわらず、麻薬を打とうとしている。その倒錯した発想は、本当に危険ですよね。

田中　外交の専門家と経済の専門家は共に専門バカになる傾向です。結局、経済の人間というのは、政治的要因を「経済外的要因」というもので議論を片付けてしまうところがあるんですよね。経済がうまくいかなくなった場合の相当部分の原因を、自然災害だ、戦争だ、民族抗争だとか、「経済外的要因」が突発的に起きたせいだということにしてしまう。

だから、全然責任を取らないんです。過激なナショナリズムを放置したら、グローバル経済が成り立つはずはないんですよ。

――でも、秀征さんがおっしゃるように、もう国粋主義という形では、ナショナリズムは機能しないですよね。いわゆる民族的な排外主義、あるいは宗教的な排外主義、つまり排外主義全般に対してナショナリズムと言わないといけないというか、ナショナリズムの構造もすごく重層的になっている。

田中　本当にそうなんです。

――それはなぜかというと、要するにグローバリズムというナショナリズムの増幅装置が、国単位で効いているわけではないから。もっと複雑に全世界的に効いてしまっているから。

田中　さっき、21世紀は国単位だと僕が言ったのは、それなんですよ。縦割りなんです。そこに、横割りの民族や宗教問題が入ってきていて。要するに、他の国の領域であっても、同じ宗教、同じ民族だということで手を出すわけです。そういう状況になると、極めて複雑な無秩序化が始まると思いますね。

ナショナリズムの旗が経済格差を隠す

――だからウクライナの問題ひとつをとっても、あれを単純なロシアの拡大主義、ロシアのナショナリズムという切り口で考えても、何も見えてこないわけですよね。あれは民族問題だと思うし、同時にグローバリズム経済的な、どちらが利益を取るかという形で線が引かれていく要素もあるし。そういった意味で、むしろグローバリズムのほうがニワトリで、ナショナリズムのほうが卵なんじゃないかっていう、そんな感じさえしますよね。

田中　今、現実問題はそうなっているんです。どんどんその予備軍を作っていっている。日本を見ると、民族問題とか宗教問題とか、そういうものがあるかといえば、ないわけではないけれども、もっとも少ない国ですよ。たとえば経済の都合でこれ以上大量に移民を受け入れるとか、欧米のようになっていったら同じ問題が起きてくるかもしれないけれども、今の状況ならまだ、こういう問題に対してリーダーシップを取ることのできる国なんですよ。そういう立場を、無意識にですけれども、それこそ奇跡的に日本の先人たちが作り上げてきた。このカードを簡単に放棄しようということに対しては、僕はどうしても納得がいかないんですね。

——ただそこで複雑なのが、ナショナリズム、排外主義というと、「いや、それはよくないです」っていう話になりますが、グローバリズムは「それはよくないですよ」とはならないというか。グローバリズムって、なんかもっとぬめっとしたものですよね。たとえば多国籍企業が儲かってることはいいことだ、日本の企業が世界に進出するのはいいことだ、みたいなとらえ方もされて。秀征さんはTPPに強く反対なさっているわけですけれども——。

田中　(笑)強くですかね？　行け行けドンドンの自由化では、世界規模での格差、環境破壊、そして過疎地域も出現しますよ。もっと慎重に長期的視野でやるべきだと言っているんです。一時的な経済の事情で決めると千載に悔いを残すことになりかねないと。

——要するに、TPPは、グローバリズムを合法化しようっていう発想なわけで、そこに秀征さんは危機感を持たれているわけですよね。全世界の市場を統一的なメカニズムで動かそう、というふうになると、あたりまえですけど、強いところがいちばん勝っちゃいますよね。

田中　それでなおかつ、いわゆる世界的に貧しい地域では、人や環境が使い捨てられていくんですよ。非常に冷酷に、経済法則で使い捨てていく。で、それがまた逆に、ナショナリズム、排外主義の温床になっていく。グローバリズムの敗者がナショナリズムで反撃するという流れです。結果的にはそういうことなんですよね。経済法則それ自体には血も涙もないことを知るべきです。それを人間が経済以外の立場からコントロールしなければいけないんです。

ナショナリズムが、なぜ今ここまで表に出てきているのかというと、ある意味、権力の側がナショナリズムをあおっているからですよね。それに、革命というのは、過重な国民負担とあまりにも大きな格差、このふたつによって起きている。これはもう人類史上そうですよね。今、ナショナリズムという旗が、それを隠す役割をしているわけです。だけど、じきに隠せなくなるんじゃないかと思います。たとえばこれから中国で、ちょっと経済成長が鈍くなると、みんなで豊かになるということができなくなるわけですよ。そうすると、大きな国であればあるほど、ちょっとした経済成長の緩みの中で、業績不振、賃金不払いという問題が生じて、大きな暴動が起きたりするわけです。外に向いていた矛先が一転して国内の政権に向かうことになる。

そういうことが頻発すると、ナショナリズムも、単に尖閣の問題だなんて言っていられなくなると思う。だから、ナショナリズムをあおっている政権は目を外にそらすことによって国内の経済的矛盾や社会的矛盾を隠蔽している面もある。それが問題なんです。

——現にアメリカはそうなっていますよね。世界一の経済大国であり、ある意味グローバル市場の最高の勝者なわけですけれど、その国においてもやっぱりどんどん格差は広がっていて、貧困の問題が顕在化している。勝者の国においても、グローバリズムというのは人を阻害していく構造が明らかなわけで。

田中　そうです。だから今世紀のふたつの支配的な潮流を操作しようとしてもいつか立ち行かなくなるでしょう。たとえば自然災害や異常気象が一度起きただけで、この流れは止まってしまいますよね。グローバル化の過程で、農耕地をつぶして工場にしたあとで自然災害が起きれば、大変なことになりますよ。食料は、ちょっと足りないだけで簡単にパニックになりますから。国内需要を優先して輸出しなくなりますから、そういう形で自国に跳ね返ってくるかもしれないですし。今の流れが今後半世紀保たれるかというと、絶対そんなわけがないので。そういうふうに、もし破綻を来したときには大変なことになるというのがわかっている以上、やっぱり放っておくわけにはいかないですからね。

今のウクライナ問題を見ても結局戦争になると、戦争自体がグローバル経済を壊していくんです。今後東アジアもそうなる可能性がないのかというと、あるわけですよ。

だからずっと僕は、排外主義に至らない、抑制的なナショナリズムというのは必要だと思っている。主権侵害に対しては、断固として跳ねつけると。そうでなければドミノ現象のようにどんどん侵害が拡大しますから、とにかく国際社会の一員として、絶対に主権侵害は許してはいけない、その代わり、絶対に他国の主権を侵さない。戦争原因とはならない。そういう姿勢でいくべきだと思います。

常任理事国入りにこだわる外務省の思惑

田中　人質問題に話を戻すと——ふたりが亡くなった、殺害されたことを検証しろと僕は言っているんですが。要するに問題なのは……戦後70周年を、外務省は常任理事国入りを大きく叫ぶチャンスと考えているんです。僕に言わせれば、常任理事国入りはできないことなんだけれども、外務省は、ひょっとしたらアメリカの態度変更があるかもしれないと思っている。でも、態度変更なんかしないんですよ。日本が常任理事国になるようには運動しないし、他の国に薦めない。アメリカはその原則をずっと貫いている。たとえばアメリカが中国にも日本の常任理事国入りを認めるように働きかけるということなんてありえないんです。

各国から支持してもらうために、いろんな意味でバラマキ経済援助をしているように見えるのもみっともない。そこまでの問題意識を安倍さんは持っていないと思いますが、外務省としては、あのタイミングで（2015年1月）安倍さんを中東へ歴訪させたというのは、そういう意図もあったと思います。ただ結局、8月の段階で人質は拘束されていて、その後金を出せと言われていたんですよね。

――そうらしいですね。

田中　その直後に結局、総選挙に打って出た。そして結果的には勝ったものだから、よかったということになって。最初は安倍さんは、衆議院解散自体には疑心暗鬼だったと思いますね。人質問題が公表されれば総選挙に影響があるだろうと。首相の歴訪計画は、普通うんと早いうちに立てるんですよ。なおかつ在外公館がそこの首脳、大統領、首相と会う日程までどんどん詰めて、援助額まですべてシナリオをつくり、勝手に進めていってしまったという印象です。

それで歴訪する日程ができあがったわけですが、総選挙に大勝したからさらにやりやすくなっているはずだと、その日程を崩さなかった。本当は、パリのテロ事件があったとき、計画を見直せばよかったのに、強行したんですね。外務省内には、このタイミングで首相が中東に行くのはどうなのかという、反対意見もあったそうです。でもおそらく、ここで行かなきゃダメだということになったんでしょう。

僕は首相の会見をテレビで観て思いましたが、あのイスラエル国旗の前で会見をやってテレビで映してしまっては、ダメですよね。イスラム教徒なら、過激派じゃなくたって、イスラエル国旗なんか許さないでしょう。まさかあれほど軽率なことをするとは……。要するに、自分の必要で日程を決めたりすると、必ず細部で間違えるんですよ。それで強行して、結果的にはああいうことになってしまったと。

――外務省の常任理事国に対する異常な執念というのがなんなのか、僕にはよくわからないんですけれども。ただ、外交のプレステージを得る方法として、やっぱり古いんじゃないかと思いますよね。

田中　時代遅れですよね。かつて僕の口から出た言葉のひとつに、「明治になって侍株を買うようなもんだ」という（笑）。

――（笑）本当にそうですよね。

田中　幕末に、豪商なんかが苗字帯刀に憧れて、やたらと侍株を金で買ったんですよね。それを明治になってから買っているようなものですよね、もう廃刀令が出ているのに（笑）。

それに、常任理事国になろうとしても、絶対になれないんですよ。なぜかというと、常任理事国の特権の中で、顕著なものがふたつあって。ひとつは、常任理事国にはいわば侵略の自由のような特権が与えられている。なぜかというと、どんな侵略行為も、侵略という認定を受けないんです。常任理事国が決めることですから。たとえば79年、ソ連がアフガニスタンに入った。あれでも国連では侵略にならないんです。それからもうひとつは、どんなことがあっても、国連旗を掲げた軍が自国に攻めてくることはありえない。自分もその側ですから。拒否権を行使すればいい。

だから、そういう特権を与えることを、その国の近隣国は決して許さないんですよ。普段敵対していない国も許さないんですから、今の日本の状況ではありえない。日本が特権を持つことなんか、周囲の国が許すわけないですからね。

日本はむしろ現在の常任理事国制度の特権の見直しを目指して、一般加盟国と国連改革の先頭に立つべきです。

第三章

世界から必要とされる国

もうひとつの日本の進路

――ナショナリズムとグローバル経済、そういう大きなふたつの流れの中にあって、日本という国が世界に対してひとつのモデルを提示できるとしたら、どういうものになるとお考えですか？　その潮流の中で、日本が持つべき新しい価値観、生きる道というのはどこにあるんでしょうか。

田中　基本的に目指す方向としては、「世界から必要とされる国」です。時代劇を観ていても、埋蔵金のありかを知ってる人間は殺されないでしょ？

――はははは。面白い（笑）。

田中　ですから日本は、この国をつぶしたら世界が困るという、そういう国になるべきですし、僕はなれる国だと思っています。これはもう、この10年、20年の間に考えてたどり着いた、僕の答えなんです。僕は国が大きい小さいとか、そういうことはどうでもいい、自然体でいればいいと思う。この国をつぶしたら世界は成り立たない、そういう役割は、大きな国でも小さな国でも、どの国でも果たせるんですよ。

日本は、歴史的に見ても、地理的に見ても、それから経済や生活の水準から見ても、「必要とされる国」という意味では、世界でいちばんそれに近いところにつけているんですよね。それを自覚していないだけなんです。いろんな面で、世界の役に立てる力をつけてきたわけですから。そういう国を明確に目指していけばいいんじゃないかということです。ユダヤ・キリスト連合対イスラムの抗争の間に入ることなど、その典型例です。

――世界から必要とされる国というのは、具体的に言うとどういう国でしょうか？

田中　経済面についてもそうですし、生活社会の問題でも――たとえば、環境技術については、飛び抜けていいものを持っている国なわけですよね。これから世界的に環境破壊は進むに決まっているんですから、日本のその技術は必要とされます。日本の経験から学びたい、日本の技術を学んでやっていきたい、というふうになってくる。医療技術もそうですね。福島原発事故があったんだから、自然エネルギー技術の先頭に立つ責任もあります。だからそういうものを目指していけばいいのであって、ただ国力を大きくしようとか、そういう話ではないと僕は思うんです。

ベトナム戦争の頃から考えているんですが、戦争や自然災害があったら日本は医療面で中立的な役割を担う。大型の病院船をつくって沿岸で活動するんですよ。

日本人が世界の人たちから好意的に見られているのも過去からの努力の蓄積によるものですね。それは別に、日本人が、日本を訪ねた人に好かれようと思ってそうしているわけではなくて、普段自然にやっていることが、他の国と比べると好ましいということです。たとえば公衆道徳の面で道に唾を吐かないとか、やたらとクルマのクラクションを鳴らさないとか、そういう次元の話で。我々がなんともないと思っているところで、日本人は優れた国民性を身につけてきている。

日本には、資源が乏しい、国土が狭い、人口が多いという制約があるから、無理して背伸びをすると昔の失敗につながる。世界でかけがえのない国になればいいんです。

「質実国家」とは何か

田中　震災のときの一般の人たちの対応もそうですよね。他の国からすると、あんな状況で略奪が起こらないなんてことは考えられないわけですよ。この間テレビで観たんですが、中東のある国のテレビ局が、東京に来て実験をしていて。噴水のところに財布を置いたままにして隠し撮りしていたら、すぐ女の人が来てそれを拾って、そのまま交番に届けるのを映像で流していた。その国では「こんな国は他にない」と放映されたと。そういうモラルの面から見ても、世界有数にこの国は磨かれている。ダメなのは、むしろ指導層なんですよ。一般人の品格は極めて高いんです。

我々は自覚していないけれども、経済、政治、社会、あるいは文化面、道徳面まで含めて、日本人はそんなふうに成熟してきている。人に教えるとか人を助けるというのはおこがましいですから、相手方から必要とされる、そういうところを目指していけば、それが国としての何よりの安全保障になると思うんです。国の在り方としては、僕は「無欲に生きろ」というようなことは言わないですが、ただ、言うなればそれは、「質実国家」ということです。ぴったりなのが、今のところこの言葉しかないんです。

大正天皇が崩御したときに昭和天皇が、三種の神器の儀式を経て、最初に発した玉音の中の言葉を知ったとき、高校生の僕はとても感激したんです。「夫れ、浮華を斥《しりぞ》けて質実を尚《たっと》び」——浮華は字のとおりで、内容のない虚飾、けばけばしいことですよね。内容のない浮華を排斥して、質実を尊ぶと。こういうお言葉を発したんですよ。

そして昭和天皇は、実際にそういう生き方をしたんです。これは、「質実剛健」とか「質素倹約」という言葉ともちょっと違うんですよね。要するに「虚飾のない世の中を作りたい」と。そのとおりだと思うんです。それは、日本人のよさをうんと含んでいるんじゃないかと。高校のときに覚えた言葉だけれども、それからだんだんだんだん、味がわかってきましたね（笑）。

それで、その質実国家という言葉を新党さきがけの五つの綱領のひとつに入れたんです。そうしたら細川（護熙）さんが気に入って、その言葉を所信表明で使って、細川政権の旗印になったんです。質の高い実のある国、内容本位で自然体

1993年8月、衆議院本会議で首相指名される細川護熙
pic by 毎日新聞社／アフロ

で、背伸びをせずに――そういう国を作るんだ、という意思の表明として。

　重要なのは、虚飾がないということを「浮華を斥けて」と表現しているところなんですよね。内容がなく浮ついているような国ではない、ということです。そして質実国家というのは、逆に言うと――先ほども世界に必要とされる国と言いましたが、質の高い実《じつ》のある国になるということは、そのこと自体が、世界から必要とされることなんです。日本は、経済的に、あるいは生活の面でも最先端にある国ですから、模範と言うとおこがましいですが、ひとつの国としての、社会としての望ましい先例、モデルを作っていく、ということにもなるんです。
昭和天皇は、普段着る背広の内ポケットが、左じゃなくて右にあったという話、知っていますか？

——いや、初めて聞きました。それはなぜですか？

田中　着古したら、裏返しにして仕立て直すからだそうです。履いている革のスリッパがすり切れて、まわりが「陛下、これはそろそろ」と言っても、「変えちゃいけない」とおっしゃっていたらしいですよ。
それは、質素倹約ということとは違うんですよね。「安もの買いの、銭失《ぜに》ない」とも違う。丈夫でいいものを作ってそれを長持ちさせる、そこなんだと。たとえば、今、普通に建てている学校の校舎は、30年も経てば建てかえねばならない。だったら3倍のお金を使って100年もつ校舎を建てれば、手すりに彫刻なんかが入った個性的なものを造れるじゃないかと。橋もそうでしょう。今、日本のどこに行っても、橋は同じような形ですからね。どこの橋かわからない。お金をかけて、それぞれの土地に素晴らしい橋を造ればいいんです。その代わり橋の数を必要最小限にすればよい。

これは、質実国家の重要な要素なんです。丈夫なもの、質のいいものを長持ちさせて使うと。だから、たとえばオール電化を推奨して、なんでもかんでも電気を使えというのは……需要があってそうなるならしょうがないけれども、先に需要を作り出すというのは、僕は間違っていると思うんですね。どうしても電力が必要なものは別として、電気を使わなくてもそれほど不自由ではないことは、使わないで済ませればいいんです。脱原発も難しいことではない。自然エネルギーの技術、省エネ技術を磨いてこの面でも「必要とされる国」になれます。

質実国家とは、とにかく無駄を排除するということですから、大量生産、大量消費、大量廃棄の今までの経済は軌道修正です。ただ、ひとつひとつの付加価値を高くしていくという話ですからね。簡素な生活であるけれども、ひとつひとつは非常にいいもので、孫の代まで使っていける、使い捨てではないものだと。こういう話をすると、今の若い人は飛びついてくるんですよね。資源の有限性、環境の有限性に気づいたのだから生活態度を変えるのは当然です。日本がまずその先頭に立つべきです。

人材の育成こそ成長戦略

——なるほど。ただ、その質実国家という概念を打ち出すと、いわゆる産業的な面はどうするんだというような突っ込みをいろんなところから受けると思うんですけれども。そういうものに対しては、どういうふうにお考えですか？

田中　別に産業について心配することはありません。今言った方向を見据えて一歩一歩進んでいこうということですから。そもそも経済成長を引っ張るものは何かというと——要するに僕は、無理してでも手に入れたいものやサービスがなければ、経済を大きく発展させるのは難しいと思っているんですね。たとえば、昭和40年代のいざなぎ景気の頃は、当時「３Ｃ」と言われたクーラーとカーとカラーテレビ、この三つは、借金をしてでもほしいと思ったから、みんなそのために一生懸命働いた。でも残念ながら今はそれがないと。アベノミクスは「成長戦略」を掲げていますが今のところ絵に描いた餅です。

それをどうやって日本で作り出すかと考えると、たとえば基礎科学の分野から始まって、長期的な研究開発期間が必要になりますよ。だから僕は、さきがけの最後の選挙のとき、とにかく理科系の秀才というものは社会的資産だから、どんな山奥に生まれようが、勉強するのに不自由がないように特別奨学金を用意すべきだと言ったんです。要するに優先的な成長戦略は人材育成ということです。それからもう20年経ちますので、もしそれが当時から実現できていれば、今、そういう人材をどんどん送り出せていただでしょうね。その才能を寝かせている期間は相当長いし、成功するケースと成功しないケースがあるでしょうけれども、そういう新しい技術を開発していくことに全力を投入していく必要があるんです。環境の分野でも医療の面でもエネルギーの分野でも、これからやらなければいけないことがたくさんありますので。そういうところで、日本が他国の追随を許さないぐらいの役割を発揮しなければいけないんです。

――逆に言えば、そこでアベノミクスのような、需要構造そのものではなく、金利と資金供給量と為替や株の上がり下がりにほとんどのエネルギーを集中させる経済政策を行っても、やっぱりダメですよね。

田中　そうですね。それは、手品みたいなものですから。僕は経済に関する学識は足りないから、難しいことがわかるわけではないけれども、単純に言って資金需要がないところに資金を供給してどうするんだ、とは思いますね。資金需要があって初めてそこに資金が供給されるというのが、経済法則でしょう。タダでその資金をくれると言うならみんなもらうだろうけど、返さなきゃいけないんですから（笑）。それに、自分の作るものやサービスが売れなかったら、借りるはずがない。結局それは株式市場に流れていきますし、不動産価格や資産価格を上げていくということになってしまう。

市場を見ても、今、高額商品は売れていても、子供たちに着せる春もの夏ものの服とか、そういう普通のものは売れないんですよ。丸2年も実質賃金の低下が続いているんですから。それではもう、全然ダメですよね。アベノミクスが、そんな状況を好転させる火つけ役になるかというと、これだけ経って火もつかないという感じですよね。だから、軌道修正は早いほうがいいんじゃないかと、僕は思っているんですけどね。今のところアメリカ経済が好調だからそれに便乗できますが、海外経済にも不安要素はいくつもあります。

――そういう意味では、もう悪い兆候は出てきているようですね。だから、今元気のいい不動産業者は何をやっているかというと、土地を買って半年後に売るそうなんです。それで利ザヤを稼ぐ。だからもう、バブルのときと同じですよね。

田中　まったくバブル、それ以外にないですよ。しかも前のバブルは、結果的に「できてしまったバブル」だったでしょう。今回の場合は、「作っているバブル」ですから、なお危険ですよね。それは必ず不幸な形で破裂しますよ。それに、前回の大きなバブルというのは、みんなの責任だと言われたら黙ってしまったけど、今回は明らかに意図的な政策が作ったバブルですから、日銀など政策当局に一義的な責任がある。アベノミクスというのは、簡単に言えば、札を刷れば景気がよくなるという話ですから。そんなことは、ちょっとありえない話ですよね。

「質実国家」に向かわないアベノミクス

――今の日本は、その質実国家とまったく真逆の方向に動いているわけですよね。

田中　ある意味で安倍さんはついてるんですよ。たとえば、２０１４年の10月から12月の統計を見ても、想定外のことが起きている。ひとつは原油安です。輸出マイナス輸入が純輸出として統計に表れるんですが、金額上の輸入が、原油安の影響で低く抑えられているんですよね。ですから、統計上、輸出が2.7％伸びていて、それがかなりGDP全体の水準に寄与しているんです。それからもうひとつは、1年で1300万人も来た海外からの旅行者の買い物の相当金額が、輸出の項目の中に入っている。これもまた想定外のことですよね。

ただ、これはいろんな人が言っていることですが、問題なのは、出口戦略をどうするかということですよね。今のこの流れには、出口が見当たらない。結局、出口がバブルの破裂みたいなことになると――アメリカの場合もそうでしたが、金融引き締めの流れが生じると、また大変なことになりますからね。ましてや今の日本のこの状態は、当時のアメリカの比ではありませんから。もっとパニック状況になることが予想されるんです。

それに、300兆円近くあると言われる内部留保のお金は、そのマイナス部分を一般生活者が背負っているわけです。結局、円安による一般消費者の苦しみの中から蓄えられた内部留保は、放っておいたら、海外での設備投資に使われてしまうんです。これは国内の消費者、労働者にとっては腹の立つことです。このお金が、工場を大きくして機械を受注してという国内での設備投資に投入されると、そこに雇用が生まれたり賃金が上がったりするんです。ところがものが売れないんだから、生産も増加できない。じゃあ設備も今のままでいいんだという話になってしまうから、結局理屈の上では、海外の安い賃金のところに工場を造って、人を雇ったほうがいいんだという話になる。だけどそのお金は、円安で一般の人たちが苦しんで、その結果、輸出で儲かったお金ですから。それが国内に還元されないで外へ持って行かれてしまったらまったく意味がないという、今の状況はそういうからくりです。

ですから、総理がいくら賃金を上げろと言ったところで限られている。なのに役所が、賃金を上げた企業のことを新聞に書いてくれと言っているのか、その新聞の大きな見出しを見てみんなが、「そのうちこっちに回ってくるかな」と思っているうちに、もう何年か過ぎたわけです。そういう現象が目に見える形で出てきていて、出口も見当たらないという状態ですよね。そして、うまくいっていると思っている人がどんどん少なくなっていって、今のうちに儲けてしまえという感じで、その状況が株価をどんどん押し上げているんです。

第四章

憲法観と歴史観

憲法改正論における三つの立場

——もともと秀征さんは、憲法は時代に応じて変えてもいいんだという、いわゆる古典的な護憲派ではない立ち位置にいらっしゃいますよね。

田中　僕の基本的な考えは、今ある憲法というのは尊重しなければならない、というところから始まるんです。憲法があるのに、最初からそれを認めない、尊重しない、という姿勢ではないんですよね。

僕は、憲法改正論というのを大きく三つに分けています。ひとつは自主改憲派です。現行憲法はマッカーサー司令部が作ったんだから我々のものじゃない、だから自分の手で作らなきゃいけないと、そういう主張です。その中でも、それを手直しして自主改憲しようというものと、最初から現行憲法を憲法として認めないという、ふたつの姿勢があるんですね。

もうひとつは、時代対応派です。わかりやすい例で言うと、現憲法には、環境権とかそういうものについて記述がないじゃないかとか、そういう考え方です。あるいは、制度に不備があるのではないかと。たとえば、69条の内閣の不信任案が通ったときの解散と、7条の天皇の国事行為に根拠を求める解散について、恣意的に内閣総理大臣が解散に打って出るということは、どう考えても憲法上、非常に無理があるんですよね。そういう問題は、憲法の不備に原因があるんだと思いますので。やっぱり、70年近く同じ憲法のままで運用していると、うんと不備が目立ってくるから、そういうものを是正しようじゃないかと。

制度上の問題と、もうひとつは、憲法が制定された終戦直後と今とでは状況が全然違うという問題がありますから。時代の問題に対応した改正はしてもいいと。この時代対応派が自主改憲派と違うのは、今まで憲法を尊重してきた人たちだということです。

3番目の姿勢としては、具体的に言うと、集団的自衛権派です。集団的自衛権が緊急に必要だ、という立場ですね。改憲派はこういうふうに分けることができるので、あえて僕の立場を言うならば、2番目の時代対応派なんです。

もうひとつ、これも僕が前々から言ってきたことですが、憲法改正は、憲法を尊重してきた人たちの主導によって進めたほうがいいというのが大原則なんですよね。今、そういう機が熟しているかというと、僕はまだ熟しているとは思わない。それから、これは小泉（純一郎）さんも言っていることですが、自衛隊はどう考えても現行憲法からは出てこないと。僕もそう思っているんですよね。

それに僕は、機会があれば自衛隊を「自衛軍」と呼ぶことにも異議はないんですよ。ただそれは、日本の自衛隊が本当に抑制的なものであるという確信をみんなが持ち、文民統制が確立したときでいいと思っているんです。今現在、それで不都合を感じていないから、そんなに急ぐことはないじゃないか、という気持ちでいるんですが。それはいわゆる、社民党的な護憲派とは違うと思いますね。だから、「護憲派か？」と訊かれたら、僕は「尊重派だ」と答えるんですよ。

アメリカの間違った戦争は止めるべき

――いい言葉ですね。その3番目の集団的自衛権を行使したいという動き――つまり安倍自民党のやり方ですけれども、もう解釈改憲で行使してしまうという、もっとも憲法を尊重しない動きに対しては、どうお考えになってるんですか？

田中　この問題に対しては、今言ったように、僕にはふたつの考えがあるんです。

集団的自衛権について記者会見を行う安倍首相
pic by AP／アフロ

集団的自衛権の行使そのものに賛成できないということと、解釈改憲に賛成できないということ。民主党は総選挙で、自民党の2014年7月1日の閣議決定は撤回するという約束をしましたが、これは解釈改憲に反対ということです。民主党には、この筋は通してもらいたいと思っているんです。

その筋からは、与党が進める日米ガイドラインとか、安保法制に賛成するということは、論理的に一切できないはずですよ。ここでもしまた公約を破ったらもう民主党は再起できません。あの閣議決定は解釈改憲の範囲を大きく逸脱している、だから無効であると言ったわけですから、それに基づいた安保法制にも、あるいはガイドラインにも反対しなければ筋が通りません。ここは我々がきちっと監視していかなければまた公約違反を繰り返しますね。

先ほど言った3番目の立場というのは、一般的な言い方になりますが、集団的自衛権を行使するというよりも、具体的には、アメリカの戦争を手伝うということなんです。それ以外の何ものでもないんですよね。アメリカの戦争が常に正しければともかく、間違っている場合のほうが多い。だから僕は賛成できないと言っているわけです。間違ってるときは、友人として止めに入るのはあたりまえだけど、決して止めようとしない。非常に抽象的に、集団的自衛権の行使云々と言われていますが、早い話はそういうことなんですよね。

集団安全保障機能として無法者をやっつけるというような、国連の平和維持活動と一体化して見られるような国際協力の問題についても、今議論になっているところですが、国連では反対国があってできないからアメリカが単独でやる。それを手伝うということは、アメリカの戦争を手伝うということとほとんど同じですから。僕は、国連の決議があって、国会の事前承認があって――という手続きを、絶対に踏まなきゃいけないと思っているわけですよ。だから今の状態で、「いや、国連の決議は難しいから」云々と言って行われることに対しては賛成できないんです。

――集団的自衛権というのは多くの国が持っていて、現実に行使されていますよね。これだけの軍事力を持っているのに集団的自衛権を行使していない日本は、かなり特殊なわけなんですけれども。ただ、日本はアメリカの傘下にあって、アメリカの戦争はほぼ無条件で肯定しなければいけないという外交的な立場がある、だから局面ごとの自主的な判断ができないという前提において、集団的自衛権の行使は認められない。そういう解釈でいいんでしょうか。

田中　結果的にそういうことでしょうね。国家としての主体的な意思決定ができないというのは、戦前と戦後のいちばん違うところですから。その点では戦前のほうが国の独立性を大事にしていたとも思います。少し筋が違いますが、集団的自衛権の行使を認めろと言う人の中で、「国連憲章で集団的自衛権の行使ができるということになっている、その権利を持っているのに使わないのはおかしいじゃないか」という議論があるんですけれども、この考え方のほうがよっぽどおかしいと思うんです。

たとえば、相続権があるのに放棄する人はいますよね。結婚する権利があるのに独身の人も多い。国連憲章で認められている加盟国としての権利を行使しないというのは、こちらの国の生き方の問題ですから。それを選択しているんですから、おかしいなんていうことは全然ないんですよね。過去に対する反省と、過去から学んだこと、それに主体的な意思決定の可否、さらには状況的にも今日本がそういう形で行動に出た場合にどういう反応が起きるかということを含めて考えると、まったくそうするべきではありませんし。

冷戦に翻弄された日本国憲法

――憲法9条にしろ、集団的自衛権を行使しないという外交的な立場や、いわゆる軍隊を持たない――「実際にいるじゃないか」と言われればいるんですけれども――という日本国憲法の在り方というのは、日本の繁栄を支えてきた知恵であって、とても有利な外交的な武器であったと思うんです。今、それをわざわざ失

1946年、イギリスのチャーチル元首相による「鉄のカーテン」演説
pic by AP／アフロ

おうとしているわけですよね。

田中　これは最近、僕はしきりにもう一度反省していることなんですけれども、マッカーサーの憲法を受け取って、憲法改正草案要綱を発表した前日に、アメリカでイギリスの（ウィンストン・）チャーチル前首相が、「鉄のカーテン」演説をしたんですよ。これは非常に劇的なことです。僕は昔からこのことにこだわっているんですが、要するに、終戦の年に日本が負ける前の4月には既に、現在の国連体制というのはできていたんです。

つまり、国連憲章というのは、冷戦を想定していなかったんですよ。ここが非常に重大なところです。これはかなり丹念に調べてみたんだけれども、結局マッカーサーが、日本から出てくる憲法草案はダメだと判断して、昭和21年の2月に日本国憲法の起草を指示するわけです。その起草方針のひとつに、国連憲章と照らし合わせて整合性を取るという趣旨の部分があるんですよ。どういうことかというと、万が一、無法国が日本を侵略するということになれば、国連憲章第7章に規定された軍事的制裁として国連軍が出動する、という前提があったんです。何かあったらすぐに国連が出ていくから、あなたのところは武器を持っている必要がないと、こういう話なんですよ。そういう形でできたのが、日本国憲法なんです。

ところが3月5日、冷戦が始まったことを告げる、チャーチルによる「鉄のカーテン」演説が行われたわけです。結局、日本国憲法は、冷戦を想定していなかったんですよ。連合国5ヵ国の間のいさかいはあるだろうけれども、それ以上に、日本やドイツの旧枢軸国を封じ込めることが重大な問題である、ということのほうが頭にあった。日本は小さな国なのに、あんなに戦争が強かったわけですから、それを弱体化しようというところにいちばんの主眼があったわけですよ。

これがおかしいぞということになるのは——日本国憲法が発布された翌年頃から、中国で国共内戦が激しくなってきて。1949年に人民中国が成立して、その翌年に朝鮮戦争が勃発するんです。このままじゃいけないということで、連合国側の対日方針の大転換が行われた。それまでは、とにかく日本を弱体化させろ、力という力をはぎ取ってしまえと。財閥解体や農地解放などによって経済的な力を奪うこともそうですし、武装解除もそうです。それが、日本は地理的に、ちょうど冷戦の瀬戸際にいるわけだから、逆に日本を強くして、自由主義陣営の一翼を担ってもらおうという方針転換が行われるわけです。共産主義と戦う体制を作ろうというときに、どういう人間が有用かというと、終戦後、平和主義者が全盛となっている状況の中で、結局頼りになるのは、戦争に協力し追放を解除された人たちなんですよ。

——(笑)。

田中　戦前に公職追放になった人、戦犯に擬せられた人。こういう人のほうが、共産主義に対しては相容れない強い姿勢があったんです。そこで出てきたのが、当時の民主党なんですよ。追放解除組と、戦犯に擬せられた人と、反吉田茂派の人。保守の中で、旧自由党がどんどん憲法について進めていきましたから、保守野党は、現行憲法の制定について責任をあまり感じていなかった。その改憲派の人たちと一緒になって、自由党内の反吉田グループも合流して民主党という党を作ったわけです。

自民党の歴史に根付く改憲論

田中　そこから冷戦が激化して、総評（日本労働組合総評議会）などの組合運動が強まっていく中で、左右に分かれていた社会党が昭和30年10月13日に統一された。その1ヵ月遅れで11月15日に自由党と民主党が保守合同するんですが、勢いがあったのは民主党です。したがって、その綱領というのはあくまでも民主党主導で、反共姿勢が強く、改憲論者なんです。

改憲について、保守本流はものを言えなかった。その後はその問題が棚上げになっているんです。池田勇人、佐藤栄作、田中角栄と、こういう本流の人たちは、憲法の問題に触れず、経済の成長と国民生活の向上に力を注いでいった。要するに、名を捨てて実を取るかのように社会経済的な面で実績を挙げてきた、という流れになっているんです。

僕は最近つくづく思うんですが、冷戦のトンネルと言っているんですけれども、冷戦が始まってから終わるまでは、トンネルの中を通っていたと思えばいいのであって。今の自民党は、まだトンネルの中を通ってる、そういう印象なんです。昭和30年の自民党結党の原点に返るなんて話では全然ない。僕はかなり前からそう思っていたので、1年生議員のとき、金丸（信）幹事長に働きかけて、自民党の綱領を見直す綱領を起草したわけですよ。それが、昭和60年綱領です。

――それはすごいですね。

田中　自主改憲を棚に上げて、憲法を尊重するという姿勢ですよね。絶えず見直す努力を続けていく、という形にした。結果的にはそのまま委員会を通りました。特に浜田幸一さんが一生懸命応援してくれましたね。井出一太郎さんが委員長で、委員長代行が渡辺美智雄さん、事務局長が海部俊樹さんで、小渕恵三さんなども委員に入っていました。そんな中で、1年生議員に起草させるなんて、当時の自民党はふところが深くて柔軟でしたね。

集団的自衛権の行使がもたらす自衛隊の動揺

――なるほど、民主党と自民党の歴史をひもとくと、安倍さんにとっては憲法改正は悲願なわけですね。それに、なぜ自衛隊が成立しえたかを冷静に考えると、秀征さんがおっしゃったとおり、やっぱりどう考えても軍事力ですよね。でも日本には憲法があるし、第9条があるし、集団的自衛権は行使しないという不思議なメカニズムの中で、日本の戦後史と憲法と自衛隊は動いてきたんですね。

田中　自衛隊を見ていて顕著に変わったなと思うのは、やっぱり、創立当時より、世間的にうんと認められてきていますよね。もうひとつは、創設当時はどうしても即戦力として指導者層に旧軍人が相当部分いましたが、今は、戦後の教育を受けたり、防衛大学校を出たりしている、この時代において期待以上にまともな人たちが揃っている。これは頭に置いておかなければいけないと思いますね。

――むしろ、秀征さんがよくおっしゃるように、集団的自衛権の行使で自衛隊を軍事力として海外派遣へつなげていく、そういうオペレーションを強化していく安倍政権に対して、自衛隊は危機感を持っているんでしょうね。

田中　自衛隊員からすると、国のために命を捨てるという決意はあるんですよ。だけど、国に命を預けているわけじゃないんです。「この命、どのようにでも使ってください」という話ではない。国に命を預けるというのは、論理的に徴兵制なんですよ。自衛隊に志願した彼らの動機があって、契約があるわけですから、「どうしてそういうことになるんだ」という話になる。それで結局志願者が減ったり、除隊者が出るという流れになる、こういう心配が強くあるわけですよね。

彼らは国を護るために自衛隊に志願したわけですから、他の国を護るために命を使うとなると、これは再検討を要するということになる。徴兵された者と志願した者の違いというのは、論理的に、非常に深いところで存在するんですよ。しかし、そこを全然考えないで進めているじゃないかと。集団的自衛権というのは、そもそも徴兵制でなければ機能しないんですよ。

新しい時代が新しい憲法を作る

――秀征さんは、今の日本国憲法そのものは、日本の外交を進める上では効果的に機能していると思われますか？

田中　先ほど話したように、解散権の問題も含めていろいろな細かいところで不備はあると思うんですが、今、大きな不都合があるということは感じないですね。統治機構の欠陥も、指導者に高い見識があれば相当程度は法律で是正できる。むしろ、前から僕は言っているんですが、憲法は、新しい時代が来てから作るものであって、憲法が新しい時代を生み出すわけではない。明治憲法は明治体制が整ってからできたし、現行憲法は戦後の体制が整うと同時にできたものであって。憲法が世の中を変えるのではなくて、世の中が変わったあと、憲法が用意されるんだと。憲法が新しい時代を作ったなんて、聞いたことがない。新しい時代が憲法を作るんです。当然ですが、今、日本は、そういう状況にはない。

——本当にそうだと思いますね。

田中　ここは大事なところですよ。だから、差し当たって変えなければいけないということはないんです。僕は細川護熙さんと1992年の夏に行動を共にすると約束したとき、別れ際に、「新しい憲法を作るところまで頑張りましょう」と言って握手したんですよ。それは、必要な改革を成し遂げて世の中を大きく変えたあとで、ということです。だからどうも、今の流れは、ものすごくいかがわしく感じるんですよ。

――まさにそうだと思いますね。極端なことを言うと、憲法はアメリカの都合で作られて、アメリカの都合によって運用されて、自衛隊はアメリカの都合によって巨大化したわけなんだけれども、今、そのアメリカの都合が変わってきたんじゃないかと。イラク戦争や「イスラム国」問題、そういう中において日本の使い出というのがだんだん大きくなってきたというか。日本の国力を、アメリカがしづらい戦争をサポートする役割として使いたがるようになってきている。そんなことに巻き込まれたらたまったもんじゃないんだけれど、そのアメリカの事情と安倍総理の思惑が、うまい具合に噛み合ってしまった、という――。

田中　そのとおりなんですよ。親父の給料がだんだん減って、息子がそれなりの給料をもらうようになった。今まで育てて守ってやったから、足りない分を息子が補えば家の力は変わらない。使い途は親父が決めると。

それにさっきも言ったように、自衛隊の志願者が少なくなっていく、除隊者が増えていく、これは止めることはできないですから。自主的に国を護ろうという力が弱くなっていくことだけは、とにかく止めなきゃダメだと僕は思っているんです。だから、時と場合によっては個別的自衛権の拡充強化も視野に入れる必要はあります。

硬性では憲法は捨てられる

――安倍政権はこれからますます、改憲へ、改憲へと必死になって進もうとしていますけれども。普通に考えたら、足元をすくわれるような気がしますけどね。

田中　ただ、集団的自衛権行使のための解釈改憲を強行したから、改憲の現実的な必要性は低下していきます。今までのように本気な人は少なくなるでしょう。ところで僕は昔から、96条の憲法改正手続のところを変えることには賛成なんです。硬性憲法、軟性憲法という言葉がありますが、憲法を変えるのに手続きが大変なのを、硬性憲法と言うんです。日本は、極端に硬性なんですよ。僕がなぜ硬性憲法に反対かというと、解釈改憲がまかり通る恐れがあるからです。改憲論が出る度に国民で議論をすれば、もっと憲法は身近なものになりますし。だから、国会議員の3分の2の賛成が必要という部分を過半数にするのは少なすぎるとすれば、5分の3にすればいい。国民投票で過半数の賛成が必要、その半分をもっときつくして、たとえば投票数の半分ではなくて全有権者の半分にすると。これは実際は、うんときついですよ。

そういう形でひとつひとつ国民に問いかけていくと、ひとりひとりが憲法と密着していきますしね。僕は前から、これはとてもいいことだと思っています。要は、護憲派ももっと国民を信じればいいんです。憲法を作るときに容易には変えられないようにしてしまったから、解釈改憲によって憲法がないがしろにされて捨てられてしまう。そのほうが怖いんです。

たとえば、環境権を入れるためなら改正してもいいという議論がありますが、そういうことはやってみたほうがいいんですよ。自民党草案を持ってきて憲法をそっくり入れ替えるようなことはダメですが、1項目ずつ変えていくことは、非常に国民的議論が深まりますから、やったほうがいいと僕は思っている。憲法がそのまますべて横によけられてしまって、少数の人たちが護憲だ護憲だと騒いでも意味がない。やっぱり、実態と憲法が合わなければ意味がありませんから。

――たとえば、自衛隊の憲法的な置きどころは、秀征さんはどうお考えですか？軍事力を持たないという憲法がある、でもどう考えても自衛隊は軍事力であって。

田中　その認識の違いは埋めなければダメです。最初に言ったように、僕は、自衛軍なら自衛軍にすればいいと思っていますよ。早い話、集団的自衛権というのは、絶対認めちゃいけないというわけではないんです。ただ、今認めるとアメリカの戦争に協力するということに限られてしまうこと、重要な問題の実質的な決定権を官僚が握っていること、だから、僕は反対なのであって。

たとえば自衛権の中に集団的自衛権も含まれて、それが憲法に載っている、ということでもいいんですよ。いいんだけれども、国民の意向を無視してでも勝手に集団的自衛権を行使するというように、今の官僚が意思決定をしてしまう形だからダメだと言っているのであって。本当に国民の意向どおりに動くのであれば、自由に使えるものはみんな憲法に書いておいて、でも使わない、ということにすればいいわけで。わざわざ憲法に「使わない」と書かなくてもね。そうなれば素晴らしいと思うんだけど、まだとてもとてもそういう段階までいっていませんから。集団的自衛権は棚に上げておく必要がある。

戦後の日本は横からの革命によって作られた

――秀征さんは、明治維新と戦後との、歴史の転換期における類似性についてよく言及なさっていますし、歴史が大きく変わっていくときにどう政治が関わっていくかということも、とても重要だと考えておられますよね。簡単に言ってしまうと、終戦、敗戦、開戦、ということなんですが――。

田中　宮澤俊義という憲法学者が昔いたんですが――普通は、戦後の新しい社会は市民革命によって作られるんだけど、日本の場合は横からの革命だったということを言っているんですね。これは連合軍、アメリカ、占領軍による革命だったということです。これと似ているのがたとえば、アフガニスタンの場合、イラクの場合で、米軍が乗り込んで行って、旧体制をつぶして、新しい政府を作って、引き揚げて行くという。これも横からの革命でしょう。

言ってみれば、あるところに行って、「この家、ダメだ」って言って壊して、新しい家を建てて去って行った、という話なんですが、その土地の人たちからすると、それは自分で建てた家じゃないんですよ。自分の建てた家じゃないから、その家に対する愛着が薄い。特にアフガニスタンやイラクの場合は、亡命者が帰ってきて主要な地位についている、というところがありますから。そういうこともあって、その体制に対する愛着や忠誠心の度合いが低いから、最後まで必死に守ろうとしないわけですよ。

最近思うのは、日本の場合もそれに多少は似ているんじゃないかと。自分できちっと戦争の総括をして、自分の力で家を建てたとは言えないから。ただ、日本の場合は、占領軍主導とはいえ一応公職追放したり、戦犯として訴追したりして、間接統治という形で、直ちに民主的な選挙の体制を作ってやってきたところが、アフガニスタンやイラクと違うところだけども。でも、「これを信じてやれ」って言ったのは――こちらが納得してハンコを捺したとはいえ、アメリカですから。これと比べると明治維新は、自分で古い家を壊し、自分で新しい家を建てたから愛着が強かったんでしょう。日本の戦後民主主義も「戦車で運び込まれた民主主義」である点では、アフガニスタンやイラクと同じようなところもあるでしょう。

2015年3月、来日し公演を行うドイツのメルケル首相
pic by 時事

対日政策の変化と歴史認識

田中　そういう気持ちがうんと強いのが、安倍さんたちだと思うんですよね。だけどそれは、その当時の日本人が納得した上でのことだから。だから僕は、アフガンとイラクのあの方式はダメだと言っているんです。出かけて行って、壊して、自分の事情で作って、帰って行っちゃうわけでしょ。国民はその家、本気で守りませんよね。自分で作っていないから。だから、そういうことはこれ以上すべきじゃないとつくづく思いますね。結局そこから「イスラム国」みたいなものが生まれてくることにな

るんだから。やっぱり日本人も新体制から追い出された人たちの怨念があって、しかもその追い出された人たちに10年ほどで座る席を用意したわけでしょ？

――今、秀征さんの解説を聞いて、つくづくそうだなあと思いました。

田中　そうすると、それなりに許されたと思っちゃうんですね。要するに日本の場合は、戦前の体制にそれなりの責任がある人たちが、そこである種、免罪されてしまうというか。それが日本の歴史認識を曖昧にしているというところがありますよね。だけど、考えてみれば、自分の力で総括できなかったわけで。その日本の不徹底性、おそらくドイツのメルケル首相は来日時にそのことを言ったわけでしょうね。

――「ドイツは自分たちで総括したぞ」ということですよね。

田中　だからドイツからすると考えられないわけです。日本と三国同盟を結んでいたから、世界は同じように見ているわけですよ、ドイツと日本を。ドイツは何年もずっとナチの戦犯を追いかけ続けて、何十年も経ってから捕まえたっていう話がありますよね。その後もそうやって徹底的に追い詰めることまでやっているわけでしょう。

なのに日本は今、戦犯とされた人たちが祀られている神社に、国の首脳がお参りに行っていると。ドイツからしたら、本当に意味がわからないんだと思うんです。それはあくまでも、戦争を自力で総括しなかった日本の問題だと僕は思います。また、日本の地政学的な位置、事情などによって、自力で総括する間がなく戦後の対日政策が変わって反共の防波堤になった。だから、中途半端なことになってしまった。冷戦が歴史認識を曖昧にしたんです。

冷戦が終わって終戦直後に戻った

田中　1992年に僕が細川さんと話していたことの相当部分が、歴史認識なんですよ。僕がそのときに言ったのは、煙管の竹の部分が冷戦時代で、終戦直後と現在は鉄でできていると。この冷戦部分がなくなっちゃったから。冷戦が終わったということは、終戦直後に戻ったんだという、そういう話なんです。冷戦が終わったことで、棚に上げられていた問題が下りてくるから、これは今後どんどん大きな問題になってきますよ、という話ですよ。で、そのとおりになったわけですよね。

冷戦期は、しばしばそれこそ米ソの対立が、第三次世界大戦が起きるかどうかというくらい緊迫していましたから。だから、「前の戦争の問題は棚に上げとこう」ということになってしまっていた。で、冷戦が終わったら、みんな戦争責任の問題を棚から下ろした。だから、古い問題じゃないんです。ある意味で新しい問題なんです、終戦直後の問題は。それへの対応を決めておいたほうがいいという話をしていたんです、その頃。

――よくそれを秀征さんは予見できましたね。

田中　それも新党さきがけを作った理由のひとつなんです。だから、当時の綱領文書にも書いていますよ。拡大経済が終わったということと、冷戦が終わったということを。だから新しい進路を考えなきゃいけない、冷戦期の延長ではやっていけないと。

それで、翌年政権を獲ったあとに、細川さんが、1993年8月10日の記者会見でそれを言うわけですよ。そのとき僕は記者会見の席にいなかったんだけど、宿舎にいたら細川さんから電話がかかってきた。取ったら開口一番、「秀征さん、言いました」って言うんです。「何を言ったの?」「侵略戦争って言いました」と。僕はすぐに「それは質問に答えて言ったの?」と訊いたら、「そうです」と。

日本が侵略戦争をしたと言うときには、まず、戦争には期間があるから、どこからどこまでの戦争のことを言っているんだ、という問題がある。満州事変からなのか、あるいは日中戦争からなのか、太平洋戦争からなのか。そういう戦争の期間の問題と、それから侵略という言葉を使う以上、具体的にどこの部分が侵略なんだと。盧溝橋の問題か、柳条湖の問題か、そういう具体的な話になって、学術論争になるから、こちらから言うべき話ではないと。「侵略戦争か?」って問われたら、それに対して「そう思っている」という答えなら、ギリギリいいと。細川さんは問われて答える形で言ったんです。それから、植民地支配という言葉は――あのとき韓国は金泳三氏が大統領で、細川さんが慶州に行って、首脳会談を行って。僕はついて行かなくて、ニュースで観ていたんだけれども、そこで細川さんは植民地支配という言葉を韓国大統領に対して初めて使ったんです。

歴史を総括しなかった日本

田中　それで、結局その流れが、自社さ政権の村山談話につながっていくんです。あのときは、自・社・さと3党揃ってたでしょう？　小沢一郎さんもこの件においては、やっぱり歴史認識が僕らと同じなんですよ。前々から同じなんです。だからあのときは、多くの人たちがそうだった。そして、細川さんのその発言に対しては、ウォール・ストリート・ジャーナルからもニューヨーク・タイムズからもすごい反響で、世界中で大きく扱われたんですよ。「よくぞ言った！」と。

そのことについていろんな抗議も来ましたよ。特にふたつ、無視できない抗議があったんですけども、ひとつは、「そうするとうちの父親が戦争で亡くなったのは犬死にか？」と。それからもうひとつは、「戦後補償が蒸し返されるんじゃないか？」という。ひとつ目のことについては、8月15日の追悼式典の式辞で、「そういう方々の尊い犠牲があって、今日があるんだ」と。犬死にどころじゃない、そういう尊い犠牲の上に今の社会が成り立っているんだと。戦後補償については、迷惑をかけた国に対しては、これから経済協力をはじめとして、未来志向で協力していくと。そういう形で対応したんですね。

要するに、独仏関係も、ドイツの過去の総括とフランス側の寛容さによってよくなったんですよ。メルケル首相の言葉は、日本と中国に対しての静かなる警告だろうと。日本はまだ本格的に総括をしていない。イラク戦争を支持したことについても、この前の「イスラム国」の問題もそうです。政治家がやっていれば総括するんでしょうが、官僚が主導していることだから、彼らにとっては結局、他人事なんですよ。官僚から言わせると、「最終責任は政治にあるから」ということになって、国民もそれを求めない、というあいまいな状況になっていくんですよね。中国は自国の覇権主義を正当化するために日本の歴史認識をことさら問題にしている印象がある。そうやって日本がまた曖昧にしていくのを待っている、むしろ待っているかのような国もあるわけですよね。戦後70年を機に日本を叩こうということで。だから、そういう口実を与えるようなことは、一切しないでほしいと僕は思っているんです。

第五章

統治構造の改革

「官意」に沿う日本の政治

――秀征さんはずっと、官僚主導型の在り方に対して大きな危機感と問題意識を語ってこられましたよね。

田中　政治家と官僚の役割分担というのは――家を建てる場合に喩えると、施主である国民にとって住みやすい、いい家を建ててもらいたいと。そうすると政治家が設計して国民の同意を得て決定、その設計図に忠実に家を造る大工が官僚だということになる。もちろん大工が長い経験から意見を取り入れることはある。ところが、政治が官僚にすべてを丸投げして、大工さんが自分で勝手に設計して家を造ってしまうことが多い。ついでに自分が使う部屋まで造っちゃう、というような。

――はははは！

田中　今の日本のいろんな政治的な矛盾とか、そういうものを突き詰めると、結局そこにいき当たるんですね。民意に沿うということよりも――僕は官意って言ってるんですが、官意に沿うような形で、経済も外交も行われている。それはもう、根本的に改めなければどうしようもない。僕はこれを偽装民主主義と言っているんです。その構造と弊害は官僚がいちばんわかっているでしょう。

僕は、組織益は公益ではないということを言い続けているんだけれども、やっぱり官僚組織から出てくるのは、どうしても官僚組織の利益が優先的に考えられているものなんですね。たとえば、まっとうなように見える法律でも、その中に天下り先を増やすような部分が入っていたり責任を逃れるような条文になっていたりする。それに長けた官僚が役所で受け入れられて、そういう人がまた上に昇進していく、ということになる。それを有効にチェックする機関がないんです。そこから根本的に変えない限り、今までの流れは変わらないというか、少なくとも民意に沿う政治は行われないだろうと僕は思うんです。根本的な問題は、やっぱりそこにあるんじゃないかと。

今現在の世界を見渡して、そんな先進国が他にあるかといったら、僕はないと思うんです。そうやって官僚がもっともやりやすい形、すなわち官意を通すにはどうしたらいいかというと、すべてをその役所のトップ――主務大臣ひとりに責任を集中させる。よく法案の中に「主務大臣云々」と出てくるのは、主務大臣さえ取り込めばいいからなんですね。

大学についても――最近学長の権限を強めようとしているんですが、それも同じ感じがする。学長の権限を強めれば、大学の側からすると、「教授会が賛同しないんです」と言えなくなるんですね。教授会全体を取り込むのは大変で、学長ひとり取り込むほうが簡単だから、学長の権限を強めたほうがいい。それで喜ぶ学長もいるかもしれないですけどね。

だから、とにかく取り込みやすくしていく、官意を貫きやすくしていくということです。いろんな面でそういうことが行われていて、結局、役所や官僚は責任は取らない。たとえば原発の問題でも、僕はどう考えてもあれは人災だと思っているんですが、第一級の責任があるはずの安全行政を担当していた官僚たちは、なんの責任も問われなかった。なんとなくそこからいなくなっている。

この問題を突き詰めていくと、どうしたら大工さんが設計図どおりに家を造るようになるのか、という話になるんですが。その大工さんの人事や報酬を施主と相談して名実ともに設計士が決めるような形を取らない限りは、大工さんは勝手なことをするんですよね。それには設計士が立派な設計ができるようにならなければダメですが。今までは大臣は大きい部屋を与えられて、黒塗りのクルマに乗せられて、迎えるときも送るときもみんなが一斉に頭を下げているということで、なんとなくごまかされているわけです。

志は原体験から生まれる

田中　昔はそうじゃなかったのかというと、日本の場合はわりに昔からそういうところがあった。大臣は名誉職というような。だけどその分、官僚に使命感があったんでしょうね。戦後をたどると、やっぱり40年ぐらい前までは、日本の官僚は今と違ったと思うんです。どこが違ったかというと、戦中・戦後の大変な時期に、その時代を生きたひとりの人間としての体験を経て、なんらかの志を持つに至っていたと思う。だから、「きみは政治家向きだから政治家になれ。きみは実業家向きだから実業家になれ。あなたは新聞社に行ったほうがいいんじゃないか？　僕はコツコツやるから役人になる。だけど志は一緒だ、日本の再建だ」と。同じ時代の志を共有して役割分担するというところがあった。今のように官僚の劣悪さだけが突出して表に出てくるようなことは少なかった。

だけど今は、東京の有名高校を出て、有名大学を出て、とんとん拍子に上ってきてそういう職に就いている人が多いから、時代そのものが志を与えなかった。それはある種、無理のないことなんです。そもそも人材というのは、時代が淘汰するものだと僕は思っているので。そうなる機会がなかったんですよね。

戦中・戦後を体験して、日本をなんとかしなきゃいけないと思って役人になった、そういう人たちは分をわきまえていたわけですよ。大工さんとして、「こういうふうにしたらいいんじゃないですか？」と設計士に意見はするけれども、大筋、施主の「こういう設計でやってもらいたい」という希望があれば、それに従うという、自分の分をわきまえたことができたけれども。

今の多くの官僚に共通しているのは、政治家をバカにしているし、国民もバカにしているし、マスコミもバカにしている。おそらくその全部が酒の肴で、バカにした話をして大笑いしている情景が浮かび上がってくるんですよね。そういう人たちは、みんなを愚かだと思っているんだけど、本当はそれに負けないぐらい彼らは愚かだということに気がついていないんです。

――ははは。

田中　それに気づいているまじめな人たちもたくさんいるんですよ。数としては、そのほうが多いぐらいいるんですけど、そういう人たちは黙っている。官僚組織の中で悪いところがあっても、内部告発をしていい子になりたくない、と思っているから。そういう人間は生涯口を閉ざす、変だということがあってもものを言わないというところがあって。

だから、そもそも最初から官僚としての質が違うというか、志がないんでしょうね。それは原体験からしか生まれないものだから。「あなた、すべて揃ってるけど志だけないなあ」「そうか。じゃあこの次会うときまでに適当な志を用意しとく」って、そういう話じゃないから（笑）。やっぱり自分が本気で、ひとりの人間として生きていく中で、ぶつかってぶつかって、初めて志が備わるわけで。役人としてまじめにやっていこうというのも、立派な志だと思うんだけれども、どこかで学んだ、人に教わったような志で、設計図まで描かれたら本当に困る。

「官意」に屈した民主党政権

田中　しかし残念ながら、本当に期待できるような人材が上に上っていっているとは思えません。これは、企業でも同じですね。堤清二さんと最後に会ったときも、今の財界を厳しく批判していました。まったくダメだ、自分のことと自分の企業のことしか考えていない人が多いと。僕は何人か、経団連のトップを務めてきた方を知っているけど、やっぱり昔は風格があって心構えも違いましたよね。

今は、組織という組織がそういう感じになってしまっていると思います。だけど、一般の人たちの質がどうなっているかといったら、悪くはなっていないですよね。以前よりもよくなっている人たちのほうが多いから、人材はいるし民意の水準も高くなっている。ただ、人材が必ずしも場所を得ていない。だから世の中の方向決定、政策決定のシステムを変えていくことができれば……それをできないうちは、何を言ってもダメじゃないかと、そういう感じが強いんですけどね。

――今、日本という国は大きな転換点にいると思うんですけれども、やっぱり最近でいちばん象徴的だったのは、一度民主党政権になったことだと思うんです。

2009年8月、民主党への政権交代を報じる新聞
pic by ロイター／アフロ

永久に自民党が政権を握っているような気がしていたし、このまま何も変わらないと思っていたけれども、ついに国民は自民党にノーと言った。それでびっくりするぐらい民主党が勝って、そこで何をやったかというと、とにかく官僚を排除しよう、政治が主導権を握るんだと。彼らは彼らなりに、自民党の従来の政治が劣化した大きな原因は、その官僚主導だと考えたんだと思うんです。そしてそれを実行して何が起きたかというと、官僚にボコボコにされて、あっという間に政権そのものが使い捨てられてしまったわけですよね。秀征さんは、民主党が政権を獲っ

たときに、こういうことになるだろうなあというのは予想できましたか？

田中　非常に早い機会に、そう思いましたね。僕は、菅直人さんのことは期待もしていたし、信用していたんですね。しかし、あれは総選挙になる直前だったか、彼がイギリスに視察に行って、その後のインタビューを受けたときに、それまで言っていた、事務次官全員に辞表を提出してもらうという約束、それをやらない、というようなことを言ったんですよ。その瞬間に、「彼は変わった」と思ったんです。ここで彼はさっさと一番大事な旗をたたんでしまった。これが失敗のスタートです。辞表を全部まとめて取って、自分たちが考えるように事務次官を新たに任命する、ということをやめた段階で、もうダメだと思いましたね。

――なぜそういうことが起きてしまったんでしょうか。

田中　彼が変わったというより、僕が彼を見間違えていたのかもしれません。最初から本気じゃなかったんでしょう。霞が関を敵に回すと首相になれないと思ったのか。そのあとの彼の動きを見ていると、そう思ったんじゃないか、としか言いようがないですね。

少なくともあの流れの中で、そういうことを言うと……たとえば民主党の中でも、けなげにも鳩山（由紀夫）さんなんかは、それを実行したいと思っていたわけですよね。そうだとすると、霞が関は菅さんの側について鳩山さんは軽視される。そういう計算があったのかどうか知らないけれども、あの時点でもうダメだと思いましたね。いちばん肝心なところを最初から官僚に譲ってるんだから。

――それはやっぱり、菅さんの中で霞が関に対する怯えがあったんでしょうか。彼らを敵に回してしまうと、政権がもたないぞっていう。

田中　政権がではなくて、自分がじゃないですか？　あのとき、朝日新聞に僕は書いたんですね。問題は人事権だ、特に首相周辺の人事には気をつけろと。もうそれに尽きるんですよね。民主党政権の失敗はこのことが根本的な理由です。ほかの失敗もこの一点から発しています。今までと同じでは霞が関にとって自民党のほうがはるかに手強い。もう民主党は牙のない虎で、霞が関から見れば今のところ聞き分けのよい虎猫にしか見えないでしょう。

秘書官人事も官僚が決める

田中　菅さんは前から、官邸機能の強化ということを言っていた。官邸機能の強化というのは、官僚機能の強化なんですよ。たとえばオーストラリアのように、総理が民間人を——自分の同志を引き連れて官邸入りし、自分の周辺を特別公務員で固めるということはできないから。みんな各役所から出てくる官僚になるわけですからね。官邸を強化するということは、その中の官僚の人数がどんどん増えていくということになる。ナントカ副長官補とか、いっぱい役職を作って。たとえば宮澤（喜一）総理のとき、細川総理のときは、要するに官邸は身軽だったんです。官邸というと、政治家は総理と官房長官、副長官だけで、それが当時の大蔵省にも外務省にも相対する。そこで切った張ったをやるわけです。でも、内部に官僚をいっぱい置いて、いちいち担当者を作ると、そのやりとりが国民に見えにくくなる。その人たちが動いて、密室で調整機能を果たすから。

——なるほどなるほど。

田中　官邸と大蔵省が綱引きをやっている、という構図にならない。官邸強化というと、政治機能が強化されるように受け取る人がいたら、これはまったくの間違いで、官僚機能が強化されるだけなんです。やっぱり今の日本の制度でいえば、身軽な体制のほうがはるかに総理の力は強いし、したがって民意を汲み取る力も、そのほうがはるかに優れていると思いますよ。

官邸を有能な民間人で固めるというなら話は別ですよ。もちろん、民間人といっても、霞が関の手足となるような〝有識者〟では逆効果ですが。あるいは、どこの役所にも属していない、出向ではない、そういう新しい官邸官僚のシステムを作れば、それもまた話は別なんだけれども。でも、各役所は秘書官から何から、自分たちが選んで官邸に送り込むわけですから。ある総理は、「あれはスパイだな」と言いましたからね（笑）。僕に「でも、連中にそっぽを向かれたら仕事ができない」と言った総理もいました。

だから秘書官から代えなきゃいけないっていうことは、みんな言えないんですよ。たとえ総理をやった人間でも。しかも秘書官は、家族ぐるみで総理にくっついてくるから。総理のお孫さんがどうのとか、「これはうちの女房からです」とお土産を持ってくるとか。どうしようもないぐらい、そういう関係になってくる。

秘書官は、それをやれと言われているんですよ。それで身動きが取れなくなって、官僚に逆らえなくなっていく。官邸官僚は、首相や官邸よりも、自分の出身官庁の意向を優先します。そうでなければ、戻ってから出世できなくなるからです。

世界中を探したって、秘書官を自分で選べない総理なんかいないですよ。そこで逆らうと、もう徹底的にひとりぼっちにさせられて、取り込まれるんです。だから、まずそこから変えなきゃダメなんですよね。考えれば、方法はいくつもあるんですよ。本気でこの状態を変えようと思っていれば考えつくようなことを、民主党はやらなかったんですよ。

第1次安倍内閣への大きな期待

――でも、そう考えると、安倍さんってわりと、そういうシステムの中では頑張っていると言っていいんじゃないですか？　官僚の言うことを聞かないでしょ。

田中　彼は、お父さんの外相秘書官をやっているときに、そういう官邸と外務省との関係を見てきたわけですよ。それに、長く秘書官をやっていたから、当時若手だった外務省の人と親しくしていて、その人たちが今、偉くなっているんですね。僕は、第1次安倍内閣の頃も、安倍さんにいちばん期待したのは、まさにそこなんですよ。官僚に尻尾をつかまれてないというね。

――安倍さんって自分の仲間のイエスマンばかりを集めて、怪しい民間人の間でゴチョゴチョものごとを決めて、官邸の中がブラックボックスになっているって評判悪いですけれども。でも、あれしかサバイバルの方法はないということなんですか？

田中　そう思います。たとえば安倍さんは、第1次のとき補佐官なんかを集めて、ミニ内閣みたいなものを作ったんですよ。それでなんとか自分の自主性を保とうとした。僕はそれに対しても理解したんです。メンバーにはちょっと首を傾げるところはあったけれど（笑）、それもよくわかった。当時、非常に問題にされたのは――安倍さんは、役所の局長にも用がなければ会わなかったんです。

――へぇー！

田中　だから、僕はそれはうんと評価したんです。第1次安倍内閣のときは、結果的に、それが霞が関の虎の尾を踏んだことになって、徹底的に叩かれてしまったようですが。その恨みは骨髄に染みていますよ。だって、財務省にこれほど強い総理は見たことがないですよ。消費税の先送りも、軽減税率の問題もそうですし。あれには財務省はものすごいショックを受けたと思うんだけれども、彼は全然退かない。だから本当に、彼が他の問題で——憲法とか、安保法制とか、成長戦略とかで、手品みたいなことを言わないで堅実であれば、僕なんかいちばんの応援者ですよ、本当に（笑）。日本の統治構造を一変させる大仕事ができたはずだから。

——そういえば、安倍さんの支持率がちょっと落ちると、官僚はつっ込みますよね。きっと辞めてほしい首相なんですね。

田中　そうですね。ただ経産官僚にすれば、原発再稼働とＴＰＰがあるでしょ？そこは気持ちは同じだから、安倍内閣は経産省内閣って言われていますよね。でもやっぱり、財務省からして気持ちのいいことはないでしょうね。財務省を軽視しているわけではないですが、他の省と同列視しているように見えます。今は外務省が一人横綱で、関脇に経産省、小結に財務省というところですか。そんな印象です。大関？　大関はあえて言うと、〝有識者〟ですか。

政治は数ではない

――でも、今の安倍政権の強引極まりないやり方でないと、そうできないくらい、ことほどさように官僚システムというのは強いということですよね。

田中　そうですね。だからまず政権が人事権を掌握することですね。それは、たまには人事の失敗もあるかもしれません。でもそれは、ひとつの訓練期間だと思えばいいので。安倍政権は人事のゴリ押しもしていますが、感心した人事はあまりありません。

もうひとつは、なぜ官僚が人事権を放さないのかっていうことになると、やっぱり天下り問題と一体なんですよね。結局、肩叩きをやって、同期の数をしぼっているでしょ？　事務次官が「あなた、こんな役所にいるよりも、民間に行くとすごいよ、トップになれるよ。こういう企業から、どうしてもあなたがほしいと言ってきているんだ。だからこんなところにいないで、よく考えたらどうか」って肩を叩くと、「あ、俺を削るつもりだな」と。

天下り斡旋、これは人事権と一体なんですよ。だから、官僚はどうしてもそれにしがみつくんですよね。そういう形で人事権を行使して、国民にはものすごく迷惑がかかるわけです。たとえば、必要がないような政府機関がいっぱいあって、そこに助成金がどんどん出る。ものすごい多額ですよ。一時期民主党が公表したことがあるけれど、もう何兆円レベルの無駄遣いをしている。

そこをまず改めなきゃいけない。それを民主党がやるという期待感があったでしょう。でも、やっていないですよね。たとえば、蓮舫さんたちがやった予算の査定、あれは財務省の主計官がやることを代行しただけなんです。要するに、予算の使い方を、政策で使うお金と役所の内部で使う経費に分けると、国民が望んでいるのは、まず内部の経費の削減なんですよ。政策に使うお金を削減するということは、国民に税金を還元する部分を削ることですから。その前にまず自分たちの経費、必要ではない金や人を削れと。蓮舫さんたちはそれをやっていたわけではないから、あんなことはもう、財務省の仕事です。それによって、財務省が助かるだけなんです。財務省がいちばん面倒な、歳出削減を政治家がやってくれるわけですから。

枝野（幸男）幹事長も、財務省の建物を撤収するとか、そういったことをやっていましたよね。あれはただ、財務省が生贄として自分から差し出したものです。それに彼は乗って、財務省に削らせたということになっているけれど、もっと大きなものを削られないようにしているだけなんですよ。先手を打って矛先をかわしているんです。話にならない。

まずやっぱり、そこから変えなきゃダメでしょう。民主党のあの大ブームも、みんなの党のブームも、みんなそこに期待したわけじゃないですか。それに応えていないんだから。その期待は、今でも鬱積していますよ、なくなってしまったわけではないんです。あそこでもしそれをやれていたら、自民党に政権が戻ったりしなかったでしょうね。だから本当に、あの期間はなんだったのかと思いますね。それでまた、その総括もしていないし責任も追及していない。

――たとえば今、政治家がちゃんと志を持って、自分の信念に基づいた行動を、論理的な裏づけを持ってしていけば、官僚と戦えるはずだと考えてもいいんでしょうか？

田中　極端に言うと、自分の経験からサムライが２、３人いれば相当なことができます。本当にそう思います。それに国民がついていくんですよ。それに多くの議員や候補が駆けつける。だから圧倒的な力を持てることになる。そういう本気の政治家を、世論は見捨てませんよ。本当に僕は、政治は数だとは、今もって思わないですね。世論の数といったらそれは数なんですが、政治家の数ではないですよね。そういう人が現れてくると、もう全然違う状況になりますよ。統治構造の改革というもっとも困難な仕事にも展望が開けます。

このところとても人気がある小泉進次郎さんは、圧倒的な存在になったでしょ？　たとえば、彼がもっと構想力を持って、世の中を変えるんだと思う人材であった場合、それこそすぐに党ができるぐらいの力を持つでしょうね。今は彼は、何か起きることに対してときどき感想を述べるだけですけれども、それであれだけの人気がある。もし彼が、直面する重要課題についてひとつの具体的な、現実的な第一歩を踏み出すような発信力を持ったら、すぐ党ができますよ。

先に人数を集めてから何かをするという発想は、民主党の発想なんです。それではいつか空中分解してしまう。そうではなくて、そういう求心力のある人が「この指止まれ」で走り出せば、いくらでも状況は変えていけますから。民主党の中にも人材はいるはずだから、そういう人も動くでしょう。

第六章

選挙制度の改革

細川政権の選挙制度改革

——秀征さんは、日本の選挙制度の問題もご指摘されていますけれども。具体的にどのような改革が必要だと考えていますか？

田中　まず、1993年の選挙制度改革の話からしなければいけないんですが。当時、小選挙区制導入に一生懸命走っていた船田元さんの言葉を借りれば、「熱病だった」というね（笑）。僕は、極めて冷ややかにそれを見ていた人間で。政治が腐敗して、リクルート事件をはじめとして、構造汚職と言われた事件がいろいろ起きたんですね。そういうことはだいたい、政治家個人の倫理の問題だというのが、僕の受け止め方で。それだけじゃダメなら、刑法を強化すればいいと僕は思っていましたから。

さらに言うならば、政治資金問題では、入りの規制と出の規制の両方がありますよね。お金が入ってくる、集めるところの問題と、それが出ていく、使うところの問題と。僕は、「入り」だけでなく「出」を規制すればいいと思うんです。たとえば、ポスターをいっぱい貼り出したら、すごいお金がかかりますよね。それから、有権者にハガキや手紙を出しただけで、大変なお金になる。電報だって、むやみに打てば千万単位になる。機関紙を出してもお金がかかる。ああいうものは、ひどい場合は100人にひとり読むかどうかっていうものなのに（笑）。そこを規制すればいいんですよ。需要のないところに供給するから、お金がかかるわけです。

ただ、政治家というのは、党で選挙に出ることはもちろんいいんだけれども、個人で出ることのほうが大事だと僕は思っているので、当時の改革にそれなりに期待したんですよね。もし中選挙区でやるとなれば、連記制にすればいいと。たとえば5人区だとして、ふたり連記にしただけで、腐敗も少なくなるだろうと。

小選挙区になる前、中選挙区時代は、同じ選挙区の人が本会議の議場に座っていないと気になったものなんです。たとえば、地元でそれなりに力のある誰かが急死して、あっちが知っていてこっちは知らないいんじゃないかと（笑）。

――あっちはそれで選挙区に帰っているんじゃないかと。

田中　すぐそれを確かめなきゃいけないという。そうやって中選挙区時代は、同じ選挙区から出ている同じ党の人をお互いに見ていた、というところもある。でも、たとえば5人の候補のうちふたりに投票できるとなると、むしろそのふたりが協力するようになるわけです。橋1本を架けるにも、議員ふたりで力を合わせて一緒にできるわけですよね。だから、中選挙区連記制にすれば、いろんな問題はなくなるだろうと。

人材が生まれる選挙制度

田中 昭和21年に、戦後初めての選挙で連記制が行われたんですよ。ただ、そのときは中選挙区じゃない、ほとんどが全県一区の大選挙区です。それでも、たとえば長野県の場合だったら、大選挙区14人で、3人連記ですね。

――すごいですね。

田中 だから多くの人は、3番目には婦人議員の名前を書いたんです。この選挙で、婦人議員がたくさん当選した。それで翌年の昭和22年の選挙から、中選挙区制になった。新憲法公布後、初めての選挙でそうなったんですが。

僕は、世の中が落ち着いてくれば、連記制というのはいいんじゃないかと思います。僕もそういう主張だったし、細川さんもそうだったんです。ところが小選挙区制が熱病だったものだから、細川政権を作るということになったときに、冷戦が終わって、なんとか新しい方向を見つけなくちゃいけないということで手を組んで、まずまっ先にできる限り早くこの選挙制度問題を片付けなきゃ何も始まらないということになったんです。まず熱病を治す必要があると。

それで話し合って、細川さんと僕と武村（正義・新党さきがけ代表）さんで、250、250の小選挙区比例代表並立制というのを起案して「政治改革政権」を提唱して連立政権を樹立。その案が11月18日に、衆議院を通ったわけです。ところが参議院に回って、暗礁に乗り上げて、河野（洋平・自民党総裁）さんとのトップ会談で決めたのが、自民党案を丸呑みするという形でした。主要な違いは、300人小選挙区になって、比例区が200になって、しかもそれが全国区からブロックに変わったわけです。これが現行制度です。もしも、当初案の250、250で、全国比例区250で通れば、新人も多く出るし、新しい政党もできやすいと期待したんですが、土壇場で消えてしまいました。

また、人数が多くなればなるほど、ある種の地域推薦みたいな――たとえば県境の線が地図上にあっても、北信濃と新潟は豪雪地帯としては同じだから、全国区では特別豪雪地帯に対して理解がある人間を連携して推薦しよう、ということも可能になるわけです。

穏健な多党制を目指した

田中　僕が250、250にすることにこだわったのは、比例区を多くすることによって、たとえば地球温暖化問題だとか、脱原発だとか、そういうひとつの主張を持っている政治グループが、充分当選するんですよ。

たとえば、今思うと、96年から250、250で選挙を行って、それによって30人ぐらい、原発を厳しく監視する議員が当選していたら、行政も東電も監視されるから、福島第一原発事故は起きていなかったと思うんです。あれは人災ですから。

どうしても必要な大事な政策だけど、小選挙区ならそれだけでは政党を作れないというような主張を持った集団の台頭が、可能であるということ。それからもうひとつは――小選挙区から出てくる人たちはだいたい、列車で言うと車輛なんですね。だから、指導者が劣化してダメだったら全国区比例を通じて新しい機関車を造ればいい。古い車輌を引っ張る指導者集団を出せるんですよ。今日的な問題意識を持っている指導者集団を出して、それが世論調査で国民の圧倒的な支持を受けたら、数は20、30人でも、列車はそこに後からついていくんです。要するに、250、250の小選挙区比例代表並立制案というのは、時代が必要とする少数派が進出できるように考えたものなんです。だから、我々は「穏健な多党制を目指す」とは言いましたが2大政党制を目指すとは言いませんでした。

僕が、全国区比例にしたかったもうひとつの理由は、選挙制度を考えるときに……僕は何回も何回も落選して、10年以上かかっています。もし自分のような人間が出てきたら、あと2、3回、落選数が少なくて済むほうがいいんじゃないかと。あんまり落選すると、ひねくれちゃうかもしれないしね（笑）。だから「これは人材だ」っていう人には、なるべく選挙の長すぎるトンネルを通ってもらいたくないという気持ちがあったんです。

実際「ああ、この人は人材だな」と思うような人でも、選挙のトンネルを通って出てきた途端に、人間が変わっちゃうんですね。それまで媚びるようなことはしなかった人でも、変にみんなに名刺を配って歩くようになってしまうので。

今の小選挙区だけだと、やっぱり党が力を持ちすぎるから、小選挙区で出た人は指導者要員にはならないな、と当時から思っていたんです。たとえば、党の総裁とか代表を選ぶには、全国区で圧倒的な票を獲った人、何人かの中から選べばいい。小選挙区で当選した人から選ぶと、それは党の言うことを聞いて、あるいは党に支えられて出てきた人っていうことだけれど、全国区の場合には、党の公認だとしても、その個人の今までの実績とかそういうものによって、250人の中で、票数に上下がつくでしょう？　その地域の利害に絡まない形で。

そうすると、たとえば総裁になりたい人は、小選挙区で2、3回出て、その次に全国区に替わればいいわけですからね。そうやればいい人材は出ると僕は思ったんですね。たとえば時代状況が変わって、突然、30〜40人ぐらいの新党が軽くできちゃうとか、そういう機動的な対応も可能だと思ったから。やっぱりそういうふうに変えていかなきゃダメなんですね。

――おっしゃるように、今の小選挙区制というシステムは、党主導型の政治状況を作ってしまう決定的な要因ですよね。今の安倍政権を作ってしまったのも、まさにそれであって。

田中　党に対して、何ものを言えなくなる。また、上に楯突く人間が政治家になれないんです。上に楯突く人間がみんな人材だとは言わないけれども、少なくとも、人材というのは思いあまって上に楯突くことはありますよね。それがないほうがおかしいのであって。でもそれだと政治家になれない、だから従順になっていくということだから、政治家の質が、党の執行部の水準を超えないんですよね。

だから人材が先細りになるし、二世議員がますます強くなる。小選挙区で出る人間も、三バンが必要だと言われていますよね。ジバン（地盤）、カンバン（看板）、カバン（鞄）を、全部党が用意するでしょう？　それで出るとどうなるかというと、その党の友好団体、違う言葉で言うと圧力団体がすぐに飛びついて、選挙対策本部を組むんです。そこで個人支援者が外に押しのけられて、ぐっとうしろに下がってしまう。そういう構造になっている。

昔の自民党の選挙というのは、まず個人後援会が中心で、そのあたりの建具屋さんとかが、やたらと選対でいばっていたりしたものなんです（笑）。友好団体はそのプラスアルファなんだけれども、ところがそういう団体というのは、みんな政治に要求を持っている団体なんですよ。彼らが中心になって選挙を進めると、党にまったく楯突けなくなる。楯突けるのは個人の支持者を主たる基盤とする場合だけなんです。

だけど、二世はまだ、個人後援会の土台があるんですよ。親から息子に引き継ぎますので。そこに友好団体が応援に駆けつける、という構造になったら、そちらのほうが圧倒的に強いんです。それに言動が比較的自由なんです。先祖伝来の地盤があって、そこにプラスアルファで友好団体がつく。新人というのは党から見ると、当選の可能性が高い人のほうがいいわけだから……要するに、「立候補でもしてみるか」というような新しい候補よりも、二世や三世のほうが人材だ、ということになってしまう。だからダメなんです。

いずれにしろ、現行小選挙区制はほぼ失敗という合意があるわけだから、なるべく早く中選挙区連記制か細川内閣の当初案を採用しなければならない。もたもたしていると国が先につぶれてしまうかもしれないから。

2014年12月、衆院選で当確の花をつける安倍首相
pic by 時事

4分の1の民意が支える自民党

――菅原琢さんという東大の統計学の学者が、常に選挙結果を分析していて。2014年12月の総選挙で、もし投票率があと2、3％増えて、その人たちが野党に投票していたら、結果はまったく違っていただろう、自民圧勝どころか全部ひっくり返っていただろうと。実際にそれが起きたのが、民主党が圧勝したときで。まさにあれは、小選挙区制の持つ、ひっくり返るときはひっくり返るぞっていうサンプルでしたよね。だから、世論が圧倒的に自民党を支持しているわけではない今の状

況だと……小選挙区制の問題点は多々ありますけれども、逆に言えば、ちょっと何かあれば、また民主党が圧勝したときのようなことが起こる可能性もありますよね。

田中　ありますね。たとえば自民党がとんでもないことをしたということも理由になるけれど、もしすごく期待を抱かせるような新勢力が出てきたら、それもまた充分、簡単にひっくり返る理由になりますよね。

２０１４年の総選挙は、約50％の投票率で、投票した人のほぼ半分しか自民党に入れていない。だから、自民党を支持したのは有権者のほぼ４分の１と言ってもよい。僕はテレビで、４脚の机が１脚にしか支えられていないから、ちょっとものを置けばひっくり返っちゃうと言ったんですが（笑）。

——そうですよね。だから、メディアが使っている「自民党一強体制」っていう言い方をやめたほうがいいと思うんです。あれ、自民に言わされていると思うんですよね。だって全然、一強ではない。一強多弱とか言っているけれども、自民党を含めて全部多弱ですよね。

田中　そうですね。それから最近、「ええっ!?」と思うんだけれど、保守と言う場合、みんな、安倍さんを保守というふうに連想しないんですよね。保守というと、もっと穏やかなものだとみんな思っている。いわゆる市民運動系とか、旧革新の穏健な人たちは、今、保守という言葉に抵抗がなくなっているんですよ。そういう不思議な現象が起きている。

日本が迎えている文明史的転換点

――秀征さんは、集団的自衛権に反対だし、原発再稼働にも反対だし、非常にリベラルな主張を持っている方ですけれども。ご自身は自分は保守だとずっと言い続けていて、保守であろうとしているわけですよね。秀征さんがおっしゃる保守というのは、どういうことなんですかね？

田中　僕が、いわゆる革新系の人と比べてどこが違うかというと、ナショナリストだと思っているんですね。これは保守の基本的な条件です。

特に今の国際社会を見ても、主権国家がしのぎを削っている状況の中で、やっぱり自分の考え方の基本はナショナリストだと思うんです。ただ、排外的なナショナリストはいけない。戦前の反省の上に立てば、当然そうなります。でも、他国に主権侵害を許すと、とめどなくそれが拡大していくから、主権侵害に対しては断固としてはねつける。

だから、自分は攻撃的なナショナリズムではないと思っているんです。そういう点で、積極的平和主義という言葉について、とても心配しているんですね。だって、戦争は今まで必ず、平和の名において行われてきたから。そして自衛の名においても行われてきた。

だから、主権国家の国家統治を軸にして考えていく。保守というのはそういうものだと僕は思うのでね。いたずらに拡大主義に手を伸ばすのは保守ではない。節度と抑制が伴わなければ保守ではない。艶や香りがなかったら保守ではない、という言い方を、僕はよくするんですが。モノクロではない、カラーなんだと。ちょっと情緒的な表現ですけれども。それと、国の独立性を重んじて他国に従属しないということが保守の生命線でしょう。

あとは、思想に逃げないというか、思想を言いわけに使わない、ということもありますね。保守という言葉自体がそういう定義になじまないということもあるんでしょうけども、無理してイデオロギーを作ったり、それに乗っかったりしてはいけないと思っていますね。保守政治の根幹はやはり人と人との信頼関係にあると考えています。それが丹念に積み上げられて保守の土台は成り立っています。

——だから、日本人には守るべきものがあるんだと思うんですね。戦後の、平和で豊かな日本の生活を、やっぱりみんな守りたい。安倍さんが否定する戦後レジームというのを、決して国民は否定していない。何十年間も戦争をしていない、しかもそれで圧倒的な経済成長を成し遂げて豊かな国になった日本を、なぜ否定しなければいけないんだと。ここに来て、それが失われるかもしれないという危機感が生まれたときに、みんな改めて、今自分たちが持っているものの貴重さに気づいたんじゃないでしょうか。だからこそ、今、秀征さんがおっしゃる保守というものに、みんな共感を覚えているような気がしますよね。

田中　やっぱり霞が関の一角は、外務省をはじめとして、いわゆる出世主義なんですね。自分の出世主義が外務省の出世主義になって、日本の出世主義になっている。だから世界で大きな顔をしたい、アメリカとパートナーであるというふうにしたいと。そういう、単なる見得で動いている印象を受けるんです。でもやっぱり、爪先立って歩くと転びますからね。重心低く自然体の国でありたいものです。

だいたい、経済大国から政治大国を目指して、次は軍事大国を目指すといっても、この人口と国土と資源の状態では、できることは限られている。もっと日本の役割はあるのではないか。そこで必要とされる役割を果たしていく、ということに徹すればいいじゃないかと思うんですね。

この先、過激なナショナリズムや野放図なグローバル経済をコントロールすることに成功して人類が滅びないで進んでいけたとしたら、来世紀にはおそらく世界はひとつの連邦国家になると僕は思う。そういう場合でも、それぞれの国、地方、民族が、個性豊かであったほうがいいわけです。無理に同化していく必要もない。だから、こういう国土の国であって、しかもひとつの生活の形とか、ものの考え方の形であるとかで、一歩先に独自の道を歩んでいくということが、他の国のためにも、日本の将来のためにも、いちばん必要なことだと僕は思うんです。今おそらく、そういう転換点に来ている。それは文明史的転換点とも言える非常に大きな転換点だと思いますね。

終章

保守の真価

「保守本流」の思想

私はときどき「保守とはなんですか」という質問を受けてきた。最近は特にそう訊く人が多くなったような気がする。

そもそも、この種の言葉に厳密な概念規定はなじまないし、その必要もない。だからといって、保守という言葉が曖昧なのではない。きちんと定義することはできないもののそのイメージはすこぶる明確だと思っている。

戦後の政治史の中で「保守本流」という言葉はかなり定着してきたが、その基調、基本姿勢を検証すれば保守の輪郭も鮮明になってくるはずだ。

普通、「保守本流」とは、終戦直後に結成された自由党、それも吉田茂元首相に発する政治潮流を指して言われてきた。この吉田自由党は昭和20年代の大半で政権を担当し、戦後日本の基本的な政治体制や方向を決めた。

今、その思想的輪郭を指摘すると、おおむね次のようになる。

(1)憲法の尊重

吉田自由党は現行憲法の制定過程に一義的責任がある。したがって、当時の党所属国会議員はもちろん、のちに参加した政治家たちも現行憲法を尊重する姿勢を貫いてきた。

とは言っても、その尊重姿勢にはおのずから濃淡があり、憲法を消極的に受け入れる人たちも少なくなかった。

自由党が社会党などいわゆる革新勢力の「護憲」と違ったのは、憲法を不磨の大典とは見なさず、時代の変化に対応して改正することもありえると考えてきたことだろう。

かねてから私は改憲派には三つの立場、考え方があると見てきた。

それは①自主改憲派、②時代対応派、③集団的自衛権派である。

①は現行憲法を、米国から押しつけられた「マッカーサー憲法」と規定し、自主憲法の制定を目指している。そのような人たちの多くは現行憲法を当初からわが国の憲法として認めていない。

②は現行憲法を尊重してきたものの、時代の変化、問題状況の変化に対応して

憲法を改正していくことを認めている。近年改憲派が増加しているのは、時代の変化によって憲法尊重派にも改憲の必要性を感じる人が増えているからだろう。

また、統治機構についても、70年近い経験を経て、制度の不備や欠陥が表れ、その是正も必要だと考えている。たとえば「衆参同日選挙の合憲性」についての議論はそのひとつだ。

③は近年になって緊急の必要性を説いている人たち。特に集団的自衛権が行使できるように早急に憲法を改正すべきだとする。

だが、ついにそれを待ちかねて、14年の7月、閣議決定によって憲法解釈の変更を強行した。いわゆる解釈改憲の禁じ手を使ったのである。

その結果、推進力となってきた外務省など関係者の間で憲法改正論は一段落した状態になっている。

保守本流の憲法観はこの②に近いと言ってもよい。

ただ、自民党は1955年（昭和30年）の結党以来、保守本流の憲法観に立たず「憲法改正」、しかも「自主憲法制定」を党是として綱領文書に掲げてきている。

そこには昭和30年当時の時代状況が色濃く反映されている。

吉田自由党、すなわち保守本流は保守合同による自民党結党の時点から改憲綱領の制約を受けて憲法の尊重を声高に叫ぶことを控えるようになった。

(2)歴史認識

吉田自由党の系譜に属する政治家はほとんどが先の大戦についての日本の過ちを率直に認めている。

吉田自由党は、終戦直後の結党以来、公職追放者や戦犯に擬せられた政治家が参加せずに党体制を固めた。むしろ吉田茂、石橋湛山両元首相のように戦前、戦中に軍部ににらまれた政治家によって主導された。これに昭和21、22年の総選挙で日本の再建に熱意のある若い政治家たちが多数で参加したのである。

こうして吉田自由党は、占領下で現行憲法、公職追放、東京裁判を受け入れ、それによってサンフランシスコ講和条約を締結、そうして国連への加盟を申請し、戦後の世界秩序を全面的に受け入れた。

この戦後史の経過が保守本流の歴史認識を強く制約し、その思想的な大枠となっている。

(3)自由な言論

自由党の党名が示すように、この流れは言論の自由や表現の自由をとりわけ重視し、それを堅持し発展させることに努めてきた。それは戦前体制の中で弾圧されたり不自由を感じてきた人たちが多かったからだろう。のちに保守本流のバトンを受け継いだ宮澤喜一元首相は、終戦を迎えたとき「これで自由、平和、繁栄に向かう国作りができる」と明るい展望を持ったと私に述懐した。終戦時の石橋湛山元首相も終戦の8月末には「更生日本の前途は洋々たり」という明るい展望の論文を発表している。彼は昭和21年の第1次吉田茂内閣で蔵相を務め、吉田氏と共に保守本流政治の原点を画した人だが、その後占領軍の誤りで公職追放に処せられ、追放解除後に吉田首相のワンマンぶりと〝向米一辺倒〟の外交に反発して吉田氏と袂を分かった。

戦後の保守本流の政治家はたとえ報道内容が苦々しいものであってもそれに耐え、報道の自由を規制する動きをしなかった。また、いわゆる治安立法についても、戦前の治安維持法の経験から学んで比較的に慎重であった。保守本流随一の荒武者であった田中角栄元首相も報道に袋叩きにされても、メディアを締めつけ

保守本流の原点を画した吉田茂内閣。後列左から2番目が石橋湛山（大蔵相）
pic by 朝日新聞社／時事通信フォト

たりその自由を制限しようとはしなかった。

(4)軽武装・経済優先

保守本流は戦後の経済復興やその後の経済成長を主導したが、その根底には常に「国民生活の向上」を実現する並々ならない決意があった。

この流れは「軽武装・経済優先」路線と言われ、長く保守本流路線の基調であった。

さて、この保守本流の思想潮流は、かつての旧社会党と親和性があるとも見られるが、それは憲法制定過程での直接的責任や過去への反省心あるいは薄い戦争責任などを共有していたからだろう。

ただ、社会党が成長より分配に政策的関心を寄せる点で経済政策では保守本流とは対極にあった。

そして、保守本流には〝主権国家〟という意識が根強くあり、社会主義などインターナショナルな思想を軸とする革新政党とはこの点で明確な一線を画していた。

昭和30年代に自社両党がもっとも激しく対立していたとき、当時の浅沼稲次郎社会党委員長が訪中して「米帝国主義は日中共同の敵」と発言した。このとき保守本流の政治家はこの発言に激しく反発した。日本が「自由陣営の一員」であることは保守本流外交の基軸だからだ。

また、旧社会党は明示的に社会主義革命を企図していたので、その憲法観や歴史観も体制転換の単なる手段、戦術と受け取られることも多かった。このことも少なからず保守本流が憲法観や歴史観に口をつぐむ別の理由ともなった。「一緒にされたらたまらない」ということだ。

宮澤元首相は私にこんなことを言ったことがある。

「社会党は、もし存在しなければわざわざ作らねばならないほど大事な政党だ」

宮澤氏の面目が躍如としている。

軍事大国化、原発の安全性、国民生活の動向などに厳しいチェック勢力として貴重な役割を期待していたのである。一呼吸おいて「だけど僕は入らないけどね」と言うのが宮澤氏一流の皮肉だ。

ところで近年は安倍晋三首相をはじめ岸信介元首相、福田赳夫元首相の系譜に属する政治家が数多く首相の任を務め、今や第2段階の本流と化している感がある。どうしてそうなったのか。戦後保守政治の流れ、自民党の流れを概観する必要がある。

自民党の変貌

5次にわたる吉田長期政権も次第に国民的人気を失い、昭和29年末には末期症状を呈し、その結果与野党の反吉田勢力によって結成された日本民主党の鳩山一郎内閣が成立。そして、その民主党は年明けに実施された衆議院総選挙で自由党に勝利して保守本流に鉄槌を浴びせた。政権政党となった民主党の幹事長は岸信介氏であった。彼はA級戦犯容疑から解放されてわずか6年で政権の主柱となった。

この民主党に結集した指導的政治家は①戦犯に擬せられた人、②公職追放を解除された人、③吉田時代に改進党など保守野党に属していた人、④吉田自由党から除名された、あるいは離党した人たちであった。

民主党が急伸長した背景には、冷戦が激化したこと、国内の左翼勢力の勢いが増したこと、さらにそれに対応し米国の対日政策が昭和23年には日本を弱体化させることから、「反共の防壁にする」（米ロイヤル陸軍長官）、日本を強くすることに180度転換したことが挙げられる。

皮肉なことだが、当時の日本で反共姿勢が強固で信頼できるのは保守本流よりも戦前体制に協力した人たちだったのである。

勢いづく民主党は、左右に分裂していた社会党が統一される（昭和30年10月）と11月に自由党と「保守合同」して自由民主党を結成した。表向きは対等合併で

1955年11月15日、自由民主党結党大会
pic by 読売新聞／アフロ

あっても、実質は明らかに民主党主導であった。そのため自民党の綱領五文書は民主党の主張に沿う反共対決姿勢を強く打ち出すものとなった。

　これは自由党系の政治家からすると、自民党といっても、標札は「民主党」になっていると感じてもおかしくない。その後党内で政策論争が起きると、民主党系はしばしば綱領を持ち出してきたが自由党系が綱領を援用した例は思い出せない。以後、保守本流は名を捨てて実を取る経済優先の方向に活路を見出すことになった。

　このように大きな違いのあるふたつの流れをまとめていたのは革新政権誕

生への恐れであり、保守政党独特の政権欲であったと言ってもよい。それに、常に数グループに分かれていた強力な派閥の存在も少なからず党分裂を防止した面もある。

自民党はむしろこの同床異夢の派閥連合の党構造を巧みに利用して長期政権を維持してきた。

政治優先の政権から経済優先の政権。タカ派政権からハト派政権。あるいは腐敗政権から清潔政権へと臨機応変に政権の枢軸を移動し、国民の反発をかわし、国民の期待を生むことに成功してきた。

この間、保守本流は、池田勇人、佐藤栄作両氏をはじめ、田中角栄、大平正芳、鈴木善幸、竹下登、宮澤喜一氏等が首相として政権を担当した。そして橋本龍太郎、小渕恵三氏まで続いた。細川護熙、小沢一郎、谷垣禎一氏などもこの系列に属する。

保守本流の対抗勢力の源流をたどれば、その一貫した強靭な主軸はやはり岸信介元首相ということになろう。この流れは弟子の福田赳夫元首相に受け継がれ今日の安倍晋三首相に至る。だが福田氏は人脈ではともかく思想的には保守本流とそれほど、大きな違いはなかった。

「保守本流」の吉田自由党に所属した政治家たちは、自民党結党後はおおむね池田勇人派（宏池会）と佐藤栄作派のふたつの大派閥に分かれる。

ただ、佐藤栄作氏が岸信介氏の実弟であったため、総裁選などでは兄弟が連携して対応、そのため自民党の党内情勢を一層複雑にしてきた。

佐藤政権は保守本流の流れに加えて岸系の流れにも乗って長期安定政権を実現したのである。佐藤氏は吉田系と岸系の連結器であったとも言える。

佐藤栄作首相が沖縄本土復帰を花道に退陣すると、後継者選びは、佐藤政権の2本柱であった田中角栄、福田赳夫両氏の〝角福戦争〟となり、佐藤政権前の吉田系と岸系に再び分離、この抗争は太平対福田の政争にも発展した。ちなみに板ばさみにあった佐藤氏は角福戦争で福田氏側についた。

岸系の流れの特徴は、昭和20年代の政治に直接的な責任を有しないこと。したがって、その時期に築かれた日本の戦後体制を自由に批判できたことだ。昭和20年代に保守野党に所属していた中曽根康広元首相が「戦後の総決算」を唱え、岸系の安倍現首相が「戦後レジームからの脱却」を掲げるのも肯けるだろう。

昭和30年の党結成の際の自民党綱領は、岸氏の一番弟子である福田赳夫氏が作成したと言われるとおり、自民党の旗は、当初から保守本流の手にはなかった。

保守本流にとってのこのようなある種の居心地の悪さも、派閥の存在感が党の存在感を上回り、右肩上がりの経済が続いた時代にはそれほど気にする必要はなかっただろう。

しかし、バブルが弾けて成長経済が転機を迎えると保守本流の経済政策も往年の神通力を失った。

それに拍車をかけたのが96年からの小選挙区制の導入である。派閥と党の力関係が逆転し公認権を持ち政治資金を掌握する党が圧倒的に優位に立ち、結党時の党の旗印ががぜん効力を発揮するようになった。そこに岸思想に心酔する安倍首相が登場。佐藤政権当時から潜流化していた岸路線が一気に顕在化することになった。

その結果、保守本流はさらに先細り、今では自民党内に志を引き継ぐ人も激減している。端的に言えば「保守本流」に対抗する岸系人脈は「自民党本流」であったと言ってもよい。

新党さきがけの志

93年の6月18日、宮澤喜一内閣の不信任案が成立したあと、私は同志と共に自民党を離党した。

その前年の8月、私は日本新党を立ち上げた細川護熙氏と経済誌で対談し、その後ふたりで2、3時間会談して意気投合。私は「宮澤内閣が終わる日に自民党を離党して行動を共にする」と約束した。

宮澤氏は保守本流の申し子のような存在であった。彼は昭和20年代、吉田時代から国政の場に出て、保守本流の本丸であった宏池会（池田勇人派）の創設メンバーであった。戦後経済史、戦後外交史の生き証人のような人で保守本流の思想潮流を一身に体現していた。

彼は早くから将来の首相候補とされてきたが、強烈な野心や意欲が欠けているという印象もあった。

その宮澤氏が急に政権意欲を感じさせるようになったのは91年の年明けの湾岸戦争で国際社会が結束してイラクに立ち向かったときからである。近くで見ていた私は宮澤氏の張り切りように驚かされた。

それ以前から彼は私に「冷戦の終結は2、300年に一度の歴史的変動だ」と言ってきた。大袈裟なもの言いを嫌う宮澤氏の言葉だけに私はびっくりした。「それなら明治維新はもちろん、フランス革命の前までさかのぼりますが」と私が言うと、「それほど大きな変動なんだ」と答えた。

宮澤氏は終戦直後の明るい展望が冷戦の勃発によりたちまち打ち消されてしまったことを苦々しく思ってきたのだろう。それが80年代末に思いがけず冷戦が終結しかつての希望がまた湧いてきた。そこに湾岸戦争で国際社会が一丸となった姿を見て大変身したのである。

ところが、その秋に宮澤内閣が発足したものの、自民党はそんな宮澤首相を盛り立てていく状態ではなかった。次々と構造腐敗が明るみに出たばかりか、党内は政治改革に名を借りた小選挙区制導入をめぐり賛否両論が果てしない抗争を繰り広げた。

私と宮澤首相の間にはさまざまな激しいやりとりがあった。なかでも私が自民党離党の決意を固めたのは次のやりとりであった。次の文は細川内閣当時に出版した『さきがけと政権交代』（東洋経済新報社）の一部をそのまま引用したものだ。

「今、政治に起きている現象は、古い家が立派に役割を果たし終えて音をたてて崩れているんです。宮澤総理に私や国民が期待しているのは、古い家に代わる新しい家を先頭に立って建ててくれることなんです」

こう私が言うと、宮澤総理はつぶやくように、

「私も古い家の住人だよ」

と言ったのである。私は二の句が継げなかった。宮澤さんに失望したというのではない。むしろ自らの不明を恥じたのである。

古い家と私が言うのは、自民党体制、あるいは社会党も含めたいわゆる55年体制のこと。さらに昭和20年代も含めた戦後保守政治、戦後政治と言ってもいい。この家は日本の再建、経済発展、あるいは自由陣営の一員としての立場を貫くことを目標として建てられたものだ。これは戦前の体制に代わる戦後の新しい家であった。

宮澤さんは戦後のこの新しい家造りの中枢に参画し、その後、常にこの家の主

流にあって日々の運営に携わってきた有力なひとりであった。

この家が崩壊しようとするとき、さらにそれに代わる新しい家の建設を宮澤さんの世代に依頼するとは何ごとだ。それは我々の世代の主導において建設しなければならない。本来、自分たちがやるべきことを、またもや宮澤さんの世代に押しつけることは、許し難い甘えではないか。

その日、首相官邸の階段を下りるとき、私の決意は一段ごとに強まり、玄関に立ったときは、もうどんなことがあっても、変わることがありえないほど固まってしまっていた。


冷戦の終結とバブルの崩壊。同時に襲ったふたつの歴史的変動を乗り切るにはどうしたらよいか。とにかく離党して新しい家を建てる準備を進めなければならない。そんなときに、細川氏が一足早く行動に踏み切ったのだ。

驚くことに宮澤氏は著書の中で私の離党に気づいていたと述べている。誰にも言わなかった段階でそう確信していたというから驚いた。

さて、新党さきがけの五綱領と言われる「新党さきがけの政治理念」は私が起草して同志の承認を受けた。私はそれを保守本流の血脈を受け継いでいくことを強く意識して作成した。

その全文は次のとおりである。

一、私たちは日本国憲法を尊重する。憲法がわが国の平和と繁栄に寄与してきたことを高く評価するとともに、時代の要請に応じた見直しの努力も続け、憲法の理念の積極的な展開を図る。

二、私たちは、再び侵略戦争を繰り返さない固い決意を確認し、政治的軍事的大国主義を目指すことなく、世界の平和と繁栄に積極的に貢献する。

三、地球環境は深刻な危機に直面している。私たちは美しい日本列島、美しい地球を将来世代に継承するため、内外政策の展開に当たっては、より積極的な役割を果たす。

四、私たちはわが国の文化と伝統の拠り所である皇室を尊重するとともに、いかなる全体主義の進出も許さず、政治の抜本的改革を実現して健全な議会政治の確立を目指す。
五、私たちは、新しい時代に臨んで、自立と責任を時代精神に据え、社会的公正が貫かれた質の高い実《じつ》のある国家、『質実国家』を目指す。

結局、終戦後昭和20年代の政治を肯定的に評価するか、否定的に評価するか、それによって昭和30年代以降の政治の流れは大筋でふたつの流れとなっている。昭和20年代の政治を肯定的に評価し、それを継承発展させようとしたのが保守本流と言ってもよいだろう。

さきがけの理念はこの保守本流の流れを明確に継承した。

もちろん、昭和20年代の政治にも少なからず間違いもあるし、反省すべきこともある。だが、基本的な憲法観と歴史観は正しかったと信じている。

昭和20年代の政治を否定的に見る側の陥穽は、それによって戦前の政治を過剰に肯定的に考えてしまうこと。また、戦前を全面的に賛美する人たちをも援軍としがちなこと。さらに、現状の世界秩序から孤立化する恐れもあることだ。

1993年、新党さきがけの旗揚げを発表する記者会見
pic by 時事

私は少年時代から、のちに首相となる石橋湛山氏を尊敬してきたが、その数少ない弟子のひとりが宇都宮徳馬氏であった。

まだ20代の頃、その宇都宮氏は私に「時務を識るは俊傑なり」と書いた色紙をくれた。その後にもう一枚、「英気動人」という色紙もいただいた。英《すぐ》れた気概が人を動かすという意味だという。

特に「時務を識るは俊傑なり」という言葉は今まで私の頭から離れたことはない。いつの間にか座右の銘のようになっていた。

時務とは文字どおり時の務め。時代

の要請と理解している。時代の要請を識り、それに応える政治家になれという激励だ。むしろ私は時務を識らず、それを果たさないなら政治に手を出すなと言われているような気がした。

たとえば、ある望ましい方向に進もうとするとき目先に邪魔な石があって少しも進むことができないとする。その石を取り除くのが時務である。自分はもっと大きな石のときに行動する、みんなが見ているとき石を動かすというのではいつまで経っても前に進めない。

かつて鉄の女と言われたイギリスのサッチャー元首相は、「政治には予期せぬできごとが満載されている」と言った。

人間社会には想定外のことばかり起きる。その想定外の事態に適確に対応するのがまずもって政治の役割と言いたいのだろう。そこに保守政治の真髄のようなものを感じる。

かねてから私は「保守政治は思想や組織に逃げ込むことができない」と指摘してきた。〝予期せぬできごと〟が起きて、まず思想や組織に問い合わせするというのでは間に合わない。それに、適確に処理できなかった責任を思想や党に帰することもできない。保守政治家は常にがけっぷちに立ち、自らの責任でそれに対応することになる。思想や組織の制約を強く受ける政治勢力では予期せぬできごとに対応することが難しい。

時務とは「糸口」のような場合が多い。糸口の糸を引っ張れば複雑な織物も寸時に解くことが可能である。時務を識るとは糸口を識ることかもしれないと理解している。そして、この糸口は自立した政治家の目にしか見えないように思われる。

ところで最近、保守とリベラルを結びつけて「保守リベラル」という言葉が使われるようになっている。

これには多少の違和感を感じざるをえない。なぜなら、保守主義は統治哲学のようなものも含み、またナショナリズムにも立脚しているが、いわゆるリベラリズムはどちらかというと国境を越えて連動できるいわばインターナショナリズムに属するからである。

人権、環境、脱原発などに政策的関心を持つ非社会主義者は、普通リベラリストと呼ばれている。しかし、特定の国の統治行為については大きな関心を示さない。

だから、主権国家がしのぎを削る現状においては政権を担当すると役割を果たすことが極めて困難になる。近年の民主党政権を大失敗に終わらせた重要な理由のひとつである。一定のナショナリズムに立脚しなければ〝予期せぬできごと〟に対応できず、国家は一日たりとも存続できないのだ。

リベラリズムや市民運動は、それぞれの国において世論や政権の質を高めていくというかけがえのない重要な役割を担っているが、現状ではそれ自体が主導して政権を担当することには無理がある。

良質な保守主義は、そんなリベラルからの声に真剣に耳を傾け、その主張を積極的に取り込んでいくところに真価がある。役割の違いをきちんと認識して連携していくのが望ましい。

チャーチルと保守の真価

私が保守政治家と聞いて、真っ先に思い浮かぶのは第二次大戦中にイギリスの首相を務め、連合国を勝利に導いたウィンストン・チャーチルである。

私が感動したいくつかのエピソードがある。

チャーチルは有名な首相就任演説の中でヒトラー率いるナチ・ドイツを「暗たんとした、悲嘆するほかない人間の犯罪史を振り返っても、かつてこれほど最悪なものはない」と断言した。

そして、ドイツがソ連と開戦するやそれまでもっとも忌み嫌ってきたソ連に味方したのである。

そのとき彼は、ヒトラーのような〝人類の敵〟と戦うのであれば、ソ連のような〝悪魔〟とも手を結ぶと宣言した。希代の反共主義者であったチャーチルが最優先の敵をこう設定したとき、賢明なイギリス国民はこれを全面的に支持した。

この一件は良質な保守主義の生命線を示している。すなわちいかがわしい全体主義、邪悪な保守主義と戦うためには左翼とも手を結ぶこともいとわないことである。

これは同じくフランスを指導したドゴール将軍にも言えること。彼はヒトラーと手を結んだ邪悪な保守層と戦うためにレジスタンス運動と連携した。

良質な保守と邪悪な保守のナショナリズムは天と地ほどの開きがある。

端的に言えば、能動的、攻撃的ナショナリズムか受動的、防御的ナショナリズムかということだろう。

良質な保守は他国の主権を侵害しないとともに、自国の主権の侵害を許さないことに徹し、常に国の独立性を維持確保する。この〝独立性〟は保守主義の筋金とも言えるもの。他国に従属する道はありえないことだ。

邪悪な保守は、自衛と平和を掲げて他国を挑発し、ときにはその主権を侵害する。あるいは、過剰な防衛が結果的に他国の主権を侵害することになる。

悩ましいのは、良質な保守と邪悪な保守が普段は隣り合わせでいる場合が多かったことだ。

それは、チャーチルの場合のチェンバレン前首相、ドゴールの場合のペタン首相の例も物語っている。かつてもっとも深い関係にあった人が危機に臨んでお互いにもっとも大きな障害になったのである。

チャーチルもドゴールも、直接一般国民に呼びかけ、国民からの圧倒的な支持を背景にして歴史的時務を完遂した。時の指導層よりも国民の判断力を信頼したのである。

現在でも直接一般国民に呼びかける指導者は多い。だが、非常事態において国民は、その人がどの程度本気なのか、その人自身が何を犠牲としているのかを鋭く見抜く賢明さを持っている。

チャーチルのエピソードの中でとりわけ感動的なのはフランス艦隊撃沈に関するものだ。

チャーチルは北アフリカのフランス海軍基地に停泊していたフランス艦隊がヒトラーの手に渡らないようにそれを撃沈する「苦痛に満ちた決断」（チャーチル）をした。再三の警告を親ナチのフランス政府が無視したからである。

ところが、その爆撃によって戦死したふたりの水兵の棺に、フランス国旗に並んでイギリス国旗も掛けられていたという報告が届く。フランスの片田舎の農民でさえ、撃沈の意味を理解していたのである。

第二次大戦回顧録の中でチャーチルはこう書いている。

「ここから我々が読み取ることができるのは、庶民の分別ある精神とはいかに至上の高みにまで達しえるものかということである」

ドゴールもまたチャーチルのこの決断を理解したのである。

保守政治の何よりの真価は民意の賢明さを信じるところにある。民意と隔たりがあれば、根気よく誠実に説明し、正々堂々と決定手続きを踏んで合意形成に努めることだ。言論の自由を妨げたり、世論を操作するような政治手法には決して保守の真価は宿らない。ヒトラーの襲撃に際して、最初に国外に逃亡したのはいわゆる〝有識者〟で、最後まで邪悪なものと戦ったのは一般国民であることを忘れてはならない。

チャーチルには、なんとも言えない「艶と香り」がある。のどかさ、明るさ、おおらかさもある。それらは良質な保守が漂わせる雰囲気なのだろう。それに保守の真価は〝節度〟にあり、本来は常にみずみずしいものであるはずだ。

世襲化は時代現象

日本の政治の70年代から80年代は「三角大福中」の時代と言われた。首相となった5人の政治家、三木武夫、田中角栄、太平正芳、福田赳夫、中曽根康弘各氏の名前からそれぞれ一字を取って連ねた造語だ。最終的には5人とも首相となったがこの間激しい党内抗争が続いた。

この5人はいずれも強烈な個性と魅力の持ち主で考え方にも少なからず隔たりもあったが、ひとつだけ際立った共通点があった。

それは5人とも創業政治家であったことだ。すなわち5人ともいわゆる二世、世襲政治家ではなく自らの意志と力で立ち上がった人たちだ。

三木氏は戦前に国政に登場したが、他の4人は昭和20年代から参画している。いずれも自民党結成以前から国会に議席を得ていた点でも共通している。

この人たちは戦中、戦後の困難をひとりの国民として身をもって体験し、日本再建の一翼を担おうと政界に身を投じた。原体験に発した政治家の志でなければ国民的信頼を受けないのである。

「三角大福中」の時代を引き継いだのは「安竹宮」の3氏であった。安倍晋太郎、竹下登、宮澤喜一の3氏である。

この3氏は準創業者と言ってもよいだろう。

なぜなら、安倍、宮澤両氏の父は戦前に衆議院議員であったが、両氏が国政に登場するまでにかなりの時間的な空白がある。地盤の大半は人手に渡っていたはずだ。竹下氏は父親が県会議員でその地盤を選挙に活用することができたから徒手空拳の創業者とは言い難い。

純正二世の首相は、橋本龍太郎、小渕恵三両首相からである。ふたりは昭和38年当選の同期で同年。戦中に小学生となっていたから、少年時代に戦中、戦後の苦難を肌で知り志を育んだ。

その後の時代は、二世、三世の首相が全盛となった。それも単なる政治家の息子ではなく、父や祖父が首相経験者であることが多くなった。そうでなければ首相にはなれないかのようだ。その傾向は、民主党の創業政治家の大失敗によってさらに拍車をかけられた。並の創業政治家より世襲政治家のほうが優れているとも見られたのである。

さて、この政治の世襲化の流れは日本だけではない。

アジアの近隣諸国を見ると驚くばかりである。韓国、北朝鮮、中国、フィリピン、シンガポールなど日本のまわりの国のトップは揃って世襲政治家だ。それも父親と2代続けてトップに就いた人がほとんどだ。これは10年、20年前では考えられないことである。昔の王朝時代を思わせるものがある。

この世界的な世襲化の源流は第二次大戦後に発していると言ってもよいだろう。戦時期、戦後の大きな転換期に国家的業績を挙げた人たちの子孫が実質的に政治王族化しているのである。

こう考えると、この流れは一朝一夕には変わらないだろう。もし変わるとしたら、やはり大きな歴史的変動が起きたときになるのだろうか。

さて、「三角大福中」以来、それを上回る創業政治家は出現していない。小選挙区制下で多数の非二世議員も登場しているが、ジバン、カンバン、カバンを党に依存しているためやはり「党より人」の中選挙区時代と比べると大きく見劣りする。現在のように党の制約で自由に動けない人は創業政治家のもっとも重要な要素が欠落しているとも言える。

「三角大福中」時代までは、一般議員の中にも創業政治家は少なくなかった。だが、創業政治家には野心が志を上回る人と志が野心を上回る人の2種類があって、大半は前者の野心家であった。

そういう野心家は分をわきまえて神輿になるよりも神輿をかつぐ側に回るのが普通であった。

ところで、世襲指導者には著しい共通点がある。

まずは国や世界を鳥瞰することに偏りがちである。

鳥（俯）瞰の反対語は虫（仰）瞰だが、鳥の眼で下を見るのに熱心なあまり、虫の眼で細部を見ることがおろそかになってしまう。空から森を見ているので、一本一本の木の生態まで目に入らない。森を見て木を見ないのは、木を見て森を見ないのと同等である。

「地球儀を俯瞰する外交」を公言する安倍晋三首相はもちろんだが、鳥瞰外交をもっとも強く感じさせるのは中国の習近平国家主席である。まるで、地球をスイカのように考えているように見える。スイカを米国と二分割することを目標としているかのようである。同じく鳥の眼を優先しがちな安倍首相は、この習構想にまんまと乗せられている印象だ。立場は違うが発想や思考はそっくりに見える。

創業政治家は虫の眼が鋭く、鳥の眼の限界を知っている。なぜなら自分が一匹の虫から出発しているからだ。鳥は広く見るが、虫は深く見る。だから鳥の眼にはどこかに致命的な見落としがある。

世界や歴史を大きく区分けする発想は必要かもしれないが、それは虫たちの動きを軽視することにもなりかねない。習構想と安倍構想は見事に連動している印象だ。習主席の「海洋強国」、「新しい大国関係」などの壮大な構想には、周恩来、鄧小平両氏から感じた虫の声、民の息吹が感じられない。

これから既得権益が岩盤のように強固になったときはそれを打開するためにまた有能な創業者が目覚めるときでもある。

それは、おそらくブレーキの利かないナショナリズムとグローバル経済の暴走がもたらす世界規模の危機が迫ってきたときだろう。

ドゴールは１９３２年、42歳のときにこう言っている。

「危機が切迫してくると……一種の津波が性格の強い人間をまともに前面に押し出す。実際、この行動への抑えがたい衝動を感ずる性格の強い人間なしに、偉大な人間的任務が達成されるのを、かつてどこで見たことがあろうか」

ドゴールのこの言葉は、明治維新の志士たちを想起させる。時務を識る無名の青年たちが強固な幕藩体制に挑んで国の姿を一変させたのだ。チャーチルも「ダイナミックな力はいかに強固な岩盤をも突破して進む」と言っている。

政治的事業を成功させる創業政治家は何よりも民意の賢明さを信頼している。

虫の動き、虫の眼を熟知した上で、鳥の眼で考えて行動するのである。

安倍政治は、ナショナリズムとグローバル経済の２本のレールの上をなんの疑いもなく突き進んでいる感がある。しかもそれを制御するブレーキも利かない状態にある。大半の自民党政治家はそれに、全面的に賛成するわけでも、全面的に反対するわけでもなく乗っている。このままでは、政治と経済の両面で遅かれ早かれ危機の襲来は避けられないのではないか。もちろん安倍首相が自ら大胆な軌道修正を断行するのがもっとも望ましい。もしそれができなければ方向を転換する新しい政治勢力の編成を急がねばならない。

私はこの現状を、時務を担う保守再生の好機が訪れつつあると考えている。国民世論にはそれを支持するマグマがかつてなくたまっているとも思っている。

最近、野中広務、古賀誠、山崎拓氏など引退した自民党政治家が、本気で安倍政治に警鐘を鳴らしている。安倍首相の師である小泉純一郎元首相も同様である。

もしも、自民党内の若手数人が行動を起こせば、保守再生の流れがたちまち豪流と化すところまで機が熟している。しかし、それを漫然とあてにしているだけでは一歩も進めなくなる。

最近、「新党さきがけが今であったらよかった」という声も聞く。そうだったかもしれない。だが新党さきがけは彗星のように現れ、彗星のように消えてしまった。その志を引き継ぐと唱えた民主党の政権は戦後最大の政治的失敗に終わった。その後の新党も同じように挫折を重ねたため、新党運動はかつてより格段に困難になっている。また、期待を裏切られてきた有権者は、よほど信頼できる動きでなければ同調しなくなっている。

中選挙区時代の新党運動はたとえ失敗しても選挙区で生き残ることができた。無所属で勝ち抜くこともできた。

しかし、小選挙区制下ではそうはいかない。失敗すれば国会議員の立場をも失う公算が強まっている。

だから、現在の離党や新党運動には、中選挙区時代をはるかに上回るリスクが伴うのである。

ただ、リスクが大きくなればなるほど、それを乗り越えて進む人材は優れているに違いない。新しい創業政治家の出番が来ている。保守再生の好機が訪れているのだ。

《資料》

（本テキストは、ダイヤモンド・オンライン『田中秀征 政権ウォッチ』に、2014年5月1日から5月15日まで「集団的自衛権は必要か？」というタイトルで3回にわたって掲載されたものです）

集団的自衛権は必要か？（1）

2014年5月1日掲載

米大統領の同盟強化の旅

今回の日米首脳会談は、オバマ大統領自ら尖閣諸島が日米安保条約第5条の適用範囲と明言し、それが共同声明に明記されたことが最大の成果とされる。これに異論はない。

ただ、一部報道にあるように、ＴＰＰについて「前進する道筋を特定した」が一定の具体的内容を伴うものであれば、事実上の基本合意があったのではないかとの疑念も生じる。特に、〝尖閣〟と引き替えの取り引きならゆゆしきことだ。

そもそも、〝尖閣明記〟は、そんなに必死になってお願いすべきことだったのか。なぜなら、今回の米大統領のアジア歴訪は当初から同盟強化の旅と言われていた。「シリア」でも「ウクライナ」でも、オバマ大統領は介入に及び腰で、とりわけ軍事面で腰が引けている大統領として評価されつつあった。

これでは多くの同盟国が不安になるのは当然だ。いざというとき助けてくれない米国では、根本的に考えを改めなければならない。近年に至り米国の威信は大きく揺らいでいたのである。

尖閣諸島は、「第一列島線」を死守しようとする米国の戦略にとって決定的に重要な位置を占めている。日本の主権にとっても重要だが、米国の世界戦略にとっても同じくらいの重要性がある。

かねてから米国は、尖閣が日本の施政権下にあり、したがって安保条約の適用範囲にあることを明確にしてきた。尖閣諸島が侵害される事態となれば、自衛隊と共に米軍が出動して原状回復を企るのは条約上の義務である。そのためにこそ日本は長い間、米国に広大な基地を提供し、その費用も分担してきたのだ。

もちろん今回、米大統領が自ら明言した意味は大きい。「結局米国は尖閣を見捨てるのではないか」という不信感もかなり払拭できただろう。

だが、それは平身低頭してまでお願いするようなことなのか。ＴＰＰなど他の重要案件で大きく譲る必要があったのか。私はそうは思わない。

オバマ大統領は、４月28日に、フィリピンと新しい軍事協定を結んで同盟強化の旅を終えた。

南シナ海への中国の進出を警戒するフィリピンやベトナムなどは、米国の尖閣問題への対応を息をのんで見守っていただろう。

尖閣は単に日本の問題ではない。

世界、特にアジア諸国は、〝尖閣〟を通じ今後の中国の覇権主義の程度や方向を見極めようとしている。

それと同時に、力によって現状を変更しようとする中国に対して、米国はどうするのか。軍事的に抵抗する決意があるのか。それを世界が注視しているのだ。

尖閣は、米中両国の利益が直接に激突し、その覚悟が試される象徴的な問題なのである。

すなわち、尖閣問題への中国の対応を見れば中国がわかり、それに対抗する米国を見れば米国がわかる。米中両国の掛け値なしの姿が尖閣問題に歴然と映し出されるのだ。

この度のオバマ米大統領の〝同盟強化の旅〟は大きな意義のあるものになった。中国の影に怯える東南アジア諸国はこれで元気になり自信を持つに違いない。それは中国の暴走に対する有効な抑止力になるはずだ。

オバマ大統領は、それほど平伏して頼まなくても、尖閣防衛の決意を表明しただろう。余計な借りを作らないことも外交の要諦だ。

日米首脳会談から透けて見えたオバマ大統領の集団的自衛権への消極姿勢

さて、今回の日米首脳会談における集団的自衛権の行使に関するやり取りは報道によると次のようなものであった。
①4月24日の首脳会談においては、安倍晋三首相が集団的自衛権の行使容認について私的懇談会で議論していることを説明。オバマ米大統領はこれに対して「歓迎し、支持する」と述べた。
②会談後の共同記者会見においては、安倍首相が、首脳会談でのやり取りを述べたがオバマ大統領からの発言はなかった。
③日米共同声明には、「米国は、集団的自衛権の行使に関する事項について日本が検討を行っていることを歓迎し、支持する」と記されている。
これらは当然同じ内容だが、日米共同声明で明文化されたものが確定的な内容だ。

これによると、日本は集団的自衛権の行使を宣言していないし、米国に対して約束もしていない。単に最近の経過を報告しているだけで、これによってなんらの義務も生じないし制約も受けない。いわんや国際公約ではない。

また、オバマ大統領も「検討を行っていることを歓迎し、支持」したのであってそれ以上でも以下でもない。「どうぞしっかり検討してよい結論を出してください」と言っているのだ。

この三段階の両者の応答から、オバマ大統領や米国の集団的自衛権行使についての消極姿勢が透けて見えてくる。首脳会談でも聞き役で記者会見でも言及しなかった。

もっとはっきり言えば、この時期に、しかも解釈変更で集団的自衛権の行使に走ることに戸惑いを感じている印象だ。

ただ、米国はアフガン・イラク戦争当時には日本の集団的自衛権の行使を強く促してきた。それを考えれば反対することはできない。だが、当時と今とは中東からアジアへと米国の戦略的関心が大きく変わっている。米国がそれを強く求めるような状況ではなくなっているのだ。米国にとっても、それなりのプラスにはなるものの、それ以上にマイナスにもなりかねないのだ。

現在の日本での集団的自衛権行使は百害あって一利があるかなしか……

さて、今回の首脳会談で、米国があたかも集団的自衛権の行使を歓迎しているような報道がある。しかし、それは間違っている。長期的に見れば米国は賛同するだろうが、今のように拙速に進めることに危うさを感じていると言わざるをえない。

日本政府、特に外務省がそれをわからないはずはない。ただ、現在絶対多数を占める安倍政権下でこれを強行しなければ、半永久的に集団的自衛権の行使は不可能になると焦っているのだろう。内外の政治情勢に多少の無理が生じてもやむをえないと考えているように思われる。

しかし、集団的自衛権の行使は現在の日本にとって百害あって一利があるかなしかである。それはどうしてなのか。

集団的自衛権は必要か？・（2）

2014年5月8日掲載

私は、現在安倍晋三首相が強行しようとしている「政府の憲法解釈の変更による集団的自衛権の行使」に強く反対している。

その変更内容はもちろんだが、手続き（解釈改憲）にも同調できない。ひょっとするとこれは大きな歴史的間違いにもなりかねないと危惧している。

集団的自衛権の行使（A）を解釈改憲（B）によって、この時期（C）に決めることは三重の過ちを犯すことになる。

まず、私が集団的自衛権の行使に反対する主な理由を列挙すると次のようになる。

日米の軍事的一体化で
わが国の独立性は急速に減衰

①日米の軍事的な一体化が急速に進み、わが国の独立性、自主性が大きく棄損する。外務省からはときどき「日米関係が米英関係のようになればよい」という声が聞こえてくる。

しかし、日米関係が米英関係のようになることは決してありえない。

私がしばしば連想するのは、米国の運転する車の助手席に英国が乗ったときのこと。

助手席からは運転手に行き先や運転法にうるさいほど注文が出る。運転手がそれを軽視するとさっさと車を降りてしまう。それが英国だ。したがって助手席の英国の自由な選択権を熟知している米国は最大限その意向に沿うように運転する。

ところが、日本は運転手の言いなり。忠告を無視されても車を降りるようなことをせず、「これでよいのかな」とつぶやきながら運転手に身を委ねる。それが日本である。

英国は米国にとって言わば本家と分家の関係。一方の日本は敗戦国。広大な基地も提供してきた。特に、戦後の占領時代から身についた従順さを変えようとしても至難の業だ。

米国は開戦の決定権を独占し、日本の役割分担を米国が決める。戦争、戦闘の指揮権も決して手放さない。

結局のところ、日本の従属関係が強まるだけである。

ひとたび軍事的に一体化すると半永久的にそれが固定されることが歴史の常である。すなわち、軍事的な一体化は日本の国家としての独立性を急速に衰えさせていくのだ。

日本の戦争支援が常態化する可能性も

②日本の戦争支援が常態化する恐れも消えない。すなわち、日本は常に戦争に関係していることになる。

集団的自衛権の行使、つまり軍事同盟の相手がニュージーランドやカナダなど、一般的な有力国であれば強く反対はしない。なぜなら、自ら開戦したり侵略されたりする可能性がほとんどないからだ。

だが、戦後史だけ見ても、米国が戦争に関係していない時期はないに等しい。米国は群を抜く最強の国家。それに自国のための戦争だけでなく、世界秩序を維持するための実質的な警察機能も果たして貢献してきた。その役割が増大することはあっても減少することはないだろう。

「イスラムの敵」としてテロの矛先が向かいかねない

③日本が「イスラムの敵」と見なされる。
アフガニスタンに侵攻する直前に、ブッシュ元米大統領は「これは十字軍だ」と放言して、直ちに撤回した。しかし、多くのイスラム教徒はこの言葉を本音と受け止めている。

このところの大きな戦争は、ユダヤ・キリスト教連合対イスラムの構図になりつつある。

既に2013年に起きたアルジェリア人質拘束事件でイスラム過激派は、日本をユダヤ・キリスト教連合の一員のように見ていることに衝撃を受けた。

集団的自衛権の行使によって、今までの〝陰の一員〟が明確な〝表の一員〟となる。一体、それをどの程度理解しているのだろうか。

世界の歴史は三大一神教（ユダヤ、キリスト、イスラム）の抗争が主軸となって展開してきた。

だが、日本はたまたまこの抗争に関与してこなかった唯一の有力国と言ってもよい。だから、これらの宗教を信仰する国と等距離で友好関係を保つことができた。

21世紀は良かれ悪しかれイスラムパワーが世界を席巻することは避けられない。そんな世界にあって、日本の存在は奇跡的だと言ってもよい。

3つの宗教に敬意を表し、一方と一体化することを避けていけば、日本はその抗争を収束させるために貴重な役割を果たせるではないか。

そして、結局はそれが世界にとっても、とりわけ米国にとってもかけがえのない役割となる。

日本がユダヤ・キリスト教連合の枠に固定されていると見なされれば、そこから離脱することは途方もなく困難になるだろう。

そればかりか、有数の敵国とされれば、イスラム過激派のテロの矛先は日本にも向いてくることを覚悟しなければならない。

日本の〝挑発〟が東アジアの軍拡競争に拍車をかける

④東アジアの軍拡競争に拍車をかけ、不安定性を高める恐れがある。

オバマ訪日前後の米側は、日本が集団的自衛権の行使に前のめりになっていることに戸惑っている印象を受けた。

確かにアフガン・イラク戦争当時は米国が集団的自衛権の行使をしきりに要請してきた。それなのにどうして大歓迎しないのかと推進派は拍子抜けの感がある。

まずは、米国の戦略的関心が中東などからアジアに転じ、日本の集団的自衛権の行使の〝場〟に大きな変化が生じている。

日中、日韓の険悪な関係。北朝鮮の暴走。さらに中国の歯止めのない覇権主義。確かに東アジアの緊張は高まっている。だから日本の集団的自衛権の行使を急ぐということなのだろう。

しかし、それは相手側から見れば、最大級の挑発と受け取られるに違いない。そんな逆効果を招くならしばらくは慎重に対応してくれ。それが米国の胸の内だろう。

「この時期はまずい」という米側の意向は最近強まっているのかもしれない。

その意を受けてか政権の発言も微妙に変わってきている。石破茂自民党幹事長は5月1日、米国でバイデン副大統領に対し、「行使が可能となるには1、2年はかかる」と述べた。また3日には安倍首相が、訪問先のリスボンで、憲法解釈の変更についての閣議決定は「場合によっては時間を要する」と述べ、今国会中での閣議決定にこだわらない姿勢を鮮明にした。

首相は「行け行けどんどん」の外務省OBや学者の取り巻きの進言に危うさを

感じたのかもしれない。

「尖閣も日米安保の適用範囲」と米大統領が明言したのだから、あえてこの時期に突っ走る必要はあるまい。

自衛隊員の士気低下を懸念
除隊者の増加、志願者減少の恐れも

⑤自衛隊の士気が著しく低下する。

有識者懇（いわゆる安保法制懇）なる場で、本件を主導してきた外務省OBや学者たちは、現在の自衛隊や自衛隊員のことを真剣に配慮しているだろうか。まるで伝わってこない。

私は集団的自衛権の行使が解釈改憲によって決定すると、自衛隊員の士気が著しく低下するのではないかと懸念している。

なぜなら、自衛隊員にとっては予定していない任務だからである。

私は現在の自衛隊がその倫理性、精強さと士気の高さにおいて世界でももっとも高い水準にあると評価している。

特にほとんどの自衛隊員は、「国土防衛のためなら身を捨てる」覚悟をして入隊したことを知っている。

しかし、それはあくまでも「日本のため」であって「他国のため」ではない。隊員の覚悟が強固だからこそ、それを簡単に軌道修正することができないのだ。

私がもっとも恐れているのは、除隊する人が増え、志願する人が減ることである。残念ながらずさんな内容と手続きで強行すればそうなることは避けられないだろう。

私はかねてから、集団的自衛権の行使、すなわち他国のために戦うことは、志願兵制ではなく徴兵制のような兵制でなければ機能しないと思っている。強制的に兵を集め、強制的に任地に送る、そうでなければ無理である。その点でも日本では思いどおりにはいかない。

覚悟外の任務を勝手な解釈変更で押しつける。それは結果的に日本の防衛力を弱めることになりかねないのだ。

「この安倍政権の機会を逃してはいけない」という声が外務省ＯＢや一部学者か

ら聞こえてくる。国民の声や自衛隊の声を耳に入れようともしていないように感じる。まるで功名心とゲーム感覚で政治をもて遊んでいるように見える。

近年は外務省が防衛省のアクセル役になっている。本来、外務省は防衛省のブレーキ役であるはずだ。内容も手続きも大多数の国民と自衛隊員が納得できるものでなければ絵に描いた餅にすぎなくなる。

これらの他にもさまざまな問題が発生するだろう。

集団的自衛権の行使によって日米同盟はまったく新しい段階を迎える。我々が予想する以上に過重な財政負担が生じ、それが国民生活を圧迫するだろう。

米国はこれから遠慮なく役割分担を迫ってくる。そして、日本の防衛体制が変われば、それに対応して近隣諸国、とくに中国は今まで以上に軍備、とりわけ海軍力の増強に躍起となる。それがまた日本を装備の増強に走らせて防衛費の増額を招く。それは当然国民生活を圧迫し、不安を募らせることになる。

さて、公明党や国民の反対が強まるとともに、安倍首相というより〝安保法制懇〟がふたつの苦肉の策を持ち出した。

次回はその〝解釈改憲〟と〝限定容認論〟について考える。

憲法の液状化が始まった！——集団的自衛権は必要か？（3）

2014年5月15日掲載

安倍晋三首相はいよいよ「集団的自衛権の行使」に向けて本格的に動き出した。安保法制懇の報告を受けて、閣議決定のための具体的スケジュールに入るのだ。首相は与党内の慎重論を押し切るために、〝解釈改憲〟と〝限定的容認論〟というふたつの禁じ手を駆使して有無を言わせず突き進んできた。

このふたつの禁じ手を使うことは、日本の今後の国家統治に測り知れない傷を負わせるに違いない。

自民党内の慎重派有力議員が白旗を上げて解釈改憲を認めたときのコメントには驚く他はない。

「憲法改正は難しいから」

「憲法改正は時間がかかるから」

実に不見識極まる弁明が聞かれた。

それでは、大学の入学試験が難しいから裏口入学するというのと大差がない。「難しいから」とか「時間がかかるから」と言って、憲法の改正手続きを踏まず解釈の変更で済ませるなら、改正手続きは必要ないし、そもそもそんなものなら憲法さえ必要がなくなるではないか。

私が憲法解釈の変更に賛同できない五つの理由

私は今回の政府による憲法解釈の変更には断じて賛同できない。主たる反対理由や心配は次のようなことである。

①憲法9条に関わる部分は、日本国憲法の根幹部分。国民主権、基本的人権の条項と並ぶ言わば根本規範とされてきた。他の多くの条項とは重みが違うのである。

もちろんそれも96条の手続きを踏めば改正できるが、とても政府の解釈の変更によって変えることはできない性質のものだ。

言ってみれば、今回の解釈変更はお寺の本尊を信徒の意見も聞かず勝手に変えるようなことだ。

②これによって、憲法はそのほとんどの条項（統治機構に関する組織規範はともかく）が政府によって自由に解釈を変更できることになる。

要するに、憲法改正と解釈改憲の間に明確な線が引けないのだ。法理上そんなことが許されるのか。

③政府による恣意的な解釈改憲が避けられなくなった。政権が交代する度に解釈が変わる恐れが出てくる。

こうなると、憲法は極めて不安定な状態に置かれ、権威も信頼も地に堕ちてしまう。憲法の液状化が始まるのである。この点は、立憲主義の観点から強く批判されてきた。

④安全保障についての国民的協力が得られなくなる。

国の安全保障政策は徹底した国民的議論と合意形成の努力が不可欠。そうでなければ、危機に臨んで国民的支持と協力が得られなくなる。

言うまでもなく、集団的自衛権の問題は、人の命に関わること。それを解釈で変更することはあまりに傲慢で無責任だ。

⑤日本国憲法の統治力が減退する。

〝家訓〟や〝社訓〟を勝手に変えれば家や会社の秩序や方針が動揺するばかりか、それが軽視され挙句は無視されるようになり、国の統治の求心力が急速に失われる。

現行憲法だけでなく、そもそも憲法に対する国民的信頼が失われ、国際的信用も落ちるだろう。法治国家として「あの国の憲法は単なる飾りもの」と見られることは恐ろしい。

解釈改憲に際しては最小限、それが許される厳しく具体的な基準を設けて国民的議論にかけることが先決だ。その基準内の解釈変更であっても、たとえば5年以内に憲法改正によって明文化できなければ変更の効力を停止させるなどの強い歯止めを設ける必要がある。

さて、法制懇の報告書は、5月15日に首相に手渡され、首相はそれを受けて記者会見に臨むことになっている。

集団的自衛権の「限定的容認」については報告書を読み、記者会見を聞いてからこの欄の〝追補〟として掲載することにしよう。

【追補】首相記者会見を聞いて

公明党が鍵を握っている。

有識者懇（安保法制懇）の報告を読み、安倍首相の記者会見を聞いて、日本の戦後史が運命的な岐路に立っていることを痛感した。

集団的自衛権の行使をストップさせるためには、与党内の骨のある慎重派に期待する他に手立てはなくなっている。特に正しい主張をしてきた公明党が連立離脱をいとわずに主張を貫くことが必要である。

公明党は、①有識者懇が列挙する具体的事例のほとんどは個別的自衛権の範囲内にある、②いわゆるグレーゾーン問題の法整備を急ぐべきことを主張してきた。要するに「集団的自衛権の言葉を使うべきではない」ということだ。多くの国民がこれに賛同し信頼を寄せてきた。

安倍首相の発言は、端的に言えば「集団的自衛権の行使は憲法が認めている」

ということに尽きる。直接言及はしなかったが、その根拠は昭和34年の「砂川判決」なのだろう。

この論理では「集団的自衛権の行使には憲法改正の必要はない」ということだ。一体誰がそんなことを決めたのか。それを決めるのが首相だとすれば「朕は国家なり」、「朕は法なり」の絶対王政と同じだし、北朝鮮や中国の政治に限りなく近いものになってしまう。

また法制懇の「集団安全保障措置への参加といった国際法上合法的な活動への憲法上の制約はないと解すべき」という提言に「これは採用しません」と拒否して胸を張った。

誰が聞いても、これはシナリオどおりに運んでいるとしか見えない。

今回の解釈改憲は、「何がなんでも集団的自衛権を認知する」ということが最大で唯一の目標だ。これは米国に従属する日本の官僚や学者の悲願でもある。「必要最小限」とか「限定的」という言葉は極めて曖昧で、どのようにも拡大解釈できる。いくつかの歯止めの事例を掲げてはいるが、まったく意味はない。

今後、安倍政権後の政権もまた、都合のよい有識者懇を設けて記者会見をすれば、簡単に歯止めは変わっていく。今回の安倍政権の解釈改憲を認めれば、今後の解釈改憲は際限なく進むに違いない。

小選挙区選出の自民党衆議院議員は、その得票の相当部分を公明党に依存している。個人差はあるが、平均的に3分の1は公明票だろう。もし公明党が連立離脱すれば、100人近くが落選かあるいは当選困難になろう。

ここで自民党の生殺与奪の権を持つ公明党は、日本の将来のために妥協を排し歴史的な役割を果たしてほしい。

インタビュー
渋谷陽一

編集
川辺美希

編集協力
吉井寛人　遠藤若弓　兵庫慎司

装丁・デザイン
髙橋剛

田中秀征（たなか・しゅうせい）
1940年生まれ。東京大学文学部、北海道大学法学部卒業。1983年、衆議院議員に初当選。1993年に自民党を離党し新党さきがけを結成、党代表代行に就任する。細川内閣で首相特別補佐、第1次橋本内閣で経済企画庁長官を務める。福山大学教授を経て、現在、福山大学客員教授、「田中秀征の民権塾」主宰。著書に『判断力と決断力──リーダーの資質を問う』（ダイヤモンド社）、『日本リベラルと石橋湛山──いま政治が必要としていること』（講談社）、『田中秀征との対話』（ロッキング・オン）、『梅の花咲く──決断の人・高杉晋作』（講談社文庫）、『舵を切れ──質実国家への展望』（朝日文庫）など。

保守再生の好機
2015年7月31日　初版発行
著者　田中秀征
発行者　渋谷陽一
発行所　株式会社ロッキング・オン
東京都渋谷区桜丘町20-1
渋谷インフォスタワー19階
電話　03-5458-3031
印刷所　大日本印刷株式会社

Printed in Japan
ISBN978-4-86052-123-3

価格はカバーに表示してあります。